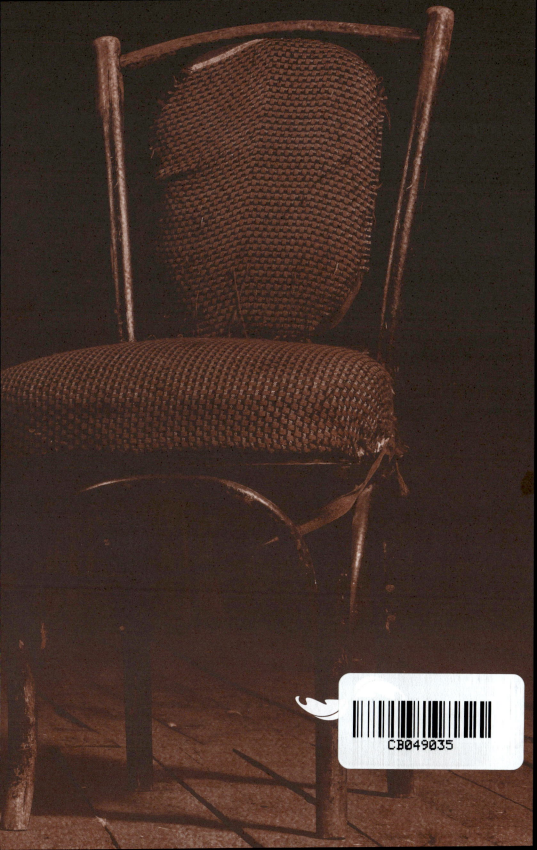

Suely Schubert

TRANSTORNOS MENTAIS

uma leitura espírita

InterVidas

Catanduva, SP, 2024

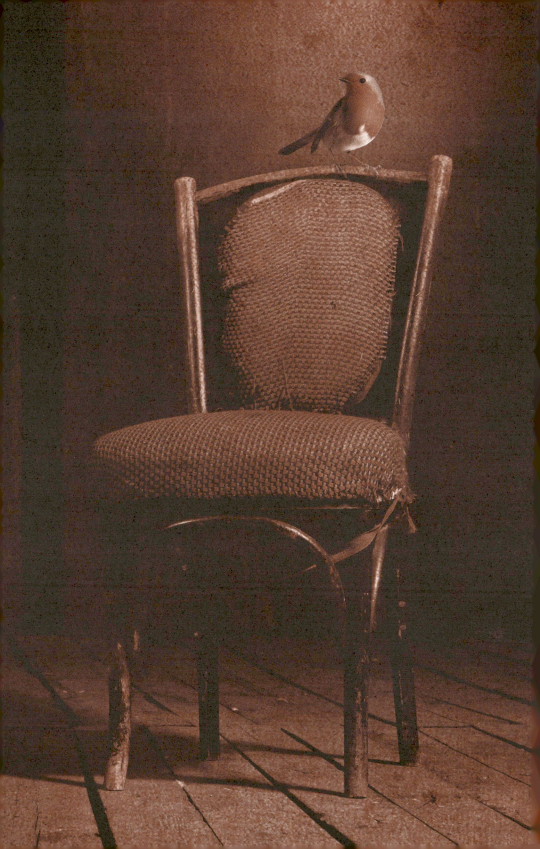

*Aos meus queridos pais,
Zélia e José Caldas,
fonte benéfica e amorosa
dos princípios cristãos
e espíritas, o preito
do meu reconhecimento
e do meu amor.*

preito: manifestação de veneração, de respeito etc.; homenagem

epidemia: doença de caráter transitório, que ataca simultaneamente grande número de indivíduos em uma determinada localidade

obsessão: ação mental persistente e maléfica que um indivíduo exerce sobre outro

patológico: referente à patologia (qualquer desvio anatômico e/ou fisiológico, em relação à normalidade, que constitua uma doença ou caracterize determinada doença)

alienado: aquele que sofre de alienação (alheamento) mental

Acredito mesmo que os transtornos psíquicos são mais perigosos do que as epidemias e os terremotos.

Além de todo receio natural, de todo sentimento de pudor e tato, existe em nós um temor secreto dos *perils of the soul* (perigos da alma).

CARL GUSTAV JUNG
Psicologia e religião

A obsessão muito prolongada pode ocasionar desordens patológicas e reclama, por vezes, tratamento simultâneo ou consecutivo, quer magnético, quer médico, para restabelecer a saúde do organismo. Destruída a causa, resta combater os efeitos.

ALLAN KARDEC
O evangelho segundo o espiritismo, cap. 28, item 85

Os casos de obsessão são tão frequentes que não é exagero dizer que nos hospícios de alienados mais da metade apenas tem a aparência de loucura e que, por isso mesmo, a medicação vulgar não tem efeito.

ALLAN KARDEC
Revista espírita (1866)

excertos oportunos

Enquanto o homem não for estudado na sua realidade profunda – ser espiritual que é, preexistente ao corpo e a ele sobrevivente – muito difíceis serão os êxitos da ciência médica, na área da saúde mental.

As doenças psíquicas, dentre as quais se destacam, pela alta incidência, as obsessões, continuarão ainda a perseguir o homem.

excerto: fragmento, trecho

MANOEL PHILOMENO DE MIRANDA
Temas da vida e da morte

A medicina humana será muito diferente no futuro, quando a ciência puder compreender a extensão e complexidade dos fatores mentais no campo das moléstias do corpo físico. Muito raramente não se encontram as afecções diretamente relacionadas com o psiquismo. Todos os órgãos são subordinados à ascendência moral. As preocupações excessivas com os sintomas patológicos aumentam as enfermidades; as grandes emoções podem curar o corpo ou aniquilá-lo... O médico do porvir conhecerá semelhantes verdades e não circunscreverá sua ação profissional ao simples fornecimento de indicações técnicas, dirigindo-se, muito mais, nos trabalhos curativos, às providências espirituais, onde o amor cristão representa o maior papel.

afecção: qualquer alteração patológica do corpo

psiquismo: conjunto das características psíquicas de um indivíduo

ANDRÉ LUIZ
Missionários da luz

agradecimentos	Amigos e companheiros x
prefácio	Transtornos mentais: uma leitura espírita xii
apresentação	Uma nova leitura dos transtornos mentais xvi
introdução	Considerações iniciais xxii

parte I

capítulo 1	Definindo os transtornos mentais 30
capítulo 2	Transtornos de ansiedade 36
capítulo 3	Transtornos dissociativos 60
capítulo 4	Transtornos do humor 78
capítulo 5	Transtornos psicóticos 96
capítulo 6	Autismo 120

sumário

capítulo 7 — Visão espírita dos transtornos mentais   128

capítulo 8 — As obsessões   142

capítulo 9 — Transtornos mentais na infância   156

parte II
capítulo 10 — A terapêutica espírita   166

capítulo 11 — Estrutura espiritual da reunião de desobsessão   188

capítulo 12 — Infalibilidade dos médiuns   198

capítulo 13 — A evocação dos Espíritos   212

capítulo 14 — Uma palavra necessária   222

conclusão — Considerações finais   228

índice — Índice geral   234

bibliografia — Fontes de estudo e consulta   250

Amigos e companheiros

O glossário desta obra adota como fontes principais: nos termos vocabulares, o dicionário *Houaiss* e a enciclopédia da internet *Wikipédia*; nos termos da doutrina espírita, o conhecimento registrado em suas obras fundamentais; as acepções estão geralmente limitadas e adaptadas ao contexto desta obra

imprescindível: necessário; que não é prescindível (renunciável, dispensável)

ressumar: manifestar(-se) de maneira evidente; revelar-se

prodigalizar: dar em grande quantidade

OS AMIGOS CONSTITUEM UMA DE NOSSAS MAIORES riquezas na jornada terrena. Neste momento eu os relaciono mentalmente e percebo que guardo no coração um tesouro inestimável.

De cada um tenho recebido as gemas preciosas da amizade. A todos o meu reconhecimento.

Meu carinho especial aos meus filhos e netos, pois com eles a minha fortuna pessoal tornou-se incalculável.

Meu especial agradecimento à Dra. Sônia Amélia Mauad Kaheler de Sá, médica psiquiatra, espírita, que gentilmente me proporcionou a assessoria imprescindível para este trabalho, e cujos exemplos de dedicação aos seus pacientes revelam que alia aos seus conhecimentos psiquiátricos o sentimento de amor ao próximo.

A minha gratidão aos queridos amigos Jorge Andréa e Hermínio Miranda, cujas sábias lições de vida se equiparam ao tesouro de ensinamentos que ressumam de suas obras literárias, pelo aprendizado que ambos prodigalizam a todos nós.

agradecimentos

Tive a alegria de contar com o estímulo enriquecedor do consagrado orador e médium, nosso querido amigo Raul Teixeira.

Ao jornalista e escritor Carlos Augusto Abranches, presença constante e querida, pela revisão sempre atenciosa.

A Divaldo Franco, querido amigo de sempre, que prossegue "semeando estrelas", sinalizando o caminho que me cabe percorrer.

Sou grata aos benfeitores espirituais, fonte permanente de bênçãos, pelo amparo com que me felicitam a vida.

médium: indivíduo que atua como intermediário entre os planos espiritual e material

Transstornos mentais: uma leitura espírita

transtorno: qualquer perturbação da saúde

hedonista: partidário do hedonismo (prazer como o bem supremo, finalidade e fundamento da vida moral)

utilitarista: relativo ao utilitarismo (teoria que considera a boa ação ou a boa regra de conduta caracterizáveis pela utilidade e pelo prazer que podem proporcionar)

envilecer: tornar(-se) vil, desprezível

psiquiatria: ramo da medicina que se ocupa do diagnóstico, da terapia medicamentosa e da psicoterapia de pacientes que apresentam problemas mentais

lograr: alcançar, conseguir

viajor: viajante

VIVE-SE NA TERRA O MOMENTO ANGUSTIANTE DA INcerteza. Tudo quanto constitui segurança – poder político e econômico, saúde, cultura, equilíbrio social, juventude, beleza, amor, paz – de um para outro momento muda de configuração, e surgem os desafios que consomem as energias emocionais, mentais e físicas dos indivíduos, não raro levando-os ao desalento, à alucinação, aos transtornos do comportamento e da mente.

O ser humano conseguiu a máxima glória da ciência sem a correspondente da consciência.

As propostas hedonistas–utilitaristas conduziram-no à busca desesperada do poder e do prazer, como se isso constituísse a razão única da existência física no planeta. Como consequência, cansado do gozo ou frustrado na sua experiência, aturde-se e se atira ao desencanto que precede os graves transtornos de conduta que o envilecem, conspirando contra a sua caminhada evolutiva.

As admiráveis conquistas das ciências psíquicas – a psiquiatria, a psicologia e a psicanálise – que têm oferecido nobres terapêuticas preventivas e curadoras para os desvios de comportamento e para outras alienações mentais, não lograram tornar mais feliz nem mais seguro neste momento o viajor do terceiro milênio.

prefácio

A herança ancestral amargura-o e as ambições cultivadas que se desvanecem infelicitam-no.

Em razão dos fatores endógenos, que procedem de outras existências, como dos exógenos, que também se encontram ínsitos nos desvarios das reencarnações transatas, respondem pelos transtornos mentais que se avolumam na massa humana e se apresentam terríveis em todos os segmentos da sociedade, ceifando alegrias, desorganizando sistemas e grupos bem constituídos, assim como vencendo indivíduos solitários, que se alienam e ameaçam a economia moral do planeta com seus desequilíbrios e alucinações.

Essas ocorrências infelizes que afetam as áreas da saúde bem como as mais diferentes nas quais se movimenta a criatura decorrem da sua indiferença aos soberanos códigos da vida, que se sustentam na lei de amor, essencial à harmonia sob todos os aspectos que se imaginem.

Havendo perdido o contato com o si profundo, por decorrência da sua rebeldia em relação ao Criador, pensa que somente na organização física reside a vida, naufragando nas experiências a que se entrega, por falta de sustentação das bases morais e emocionais que se apresentam de estrutura frágil, porque fincadas na indiferença aos valores espirituais.

psicologia: ciência que trata dos estados e processos mentais, do comportamento do ser humano e de suas interações com um ambiente físico e social

psicanálise: teoria da alma ("psique") criada por Sigmund Freud (1856–1939, neurologista austríaco) com propósito terapêutico

ancestral: relativo ou próprio dos antepassados ou antecessores

ínsito: que é um constitutivo ou uma característica essencial de uma coisa

desvario: comportamento insensato

transato: passado

endógeno: que se origina no interior do organismo, do sistema, ou por fatores internos

exógeno: que provém do exterior, que se produz no exterior (do organismo, do sistema), ou que é devido a causas externas

báratro: abismo, voragem

luzir: brilhar

perspectiva: esperança

psicologia transpessoal: abrange o ego, como as demais escolas de psicologia, e os estados além do ego (transpessoal); tem entre seus objetos de trabalho e pesquisa os estados não ordinários de consciência

desbravar: explorar

consóror: feminino de confrade

peregrino: raro, especial

É inevitável, portanto, a queda nos sofrimentos graves dos transtornos mentais e emocionais, nos acidentes rudes de toda espécie.

Felizmente, nesse báratro, luzem hoje novas perspectivas de salvação propostas pela moderna psicologia transpessoal, que encontrou o Espírito como responsável por todas as ocorrências de sua trajetória, ele mesmo o autoterapeuta para a recuperação dos valores perdidos sob a segura orientação de especialistas credenciados nessa área para o ajudar.

Simultaneamente descobre a doutrina espírita que, desde 1857, esclarece o ser sobre suas responsabilidades e possibilidades iluminativas, desbravando o *país da alma* com os equipamentos seguros da lógica e da razão, estruturados nas comprovações mediúnicas em torno da imortalidade do Espírito, da justiça divina, das reencarnações que lhe facultam o abençoado roteiro de evolução.

Nossa consóror Suely Caldas Schubert, dedicada estudiosa dos transtornos mentais, espírita abnegada e médium de peregrinas faculdades, tem vivenciado algumas das experiências desses processos psicopatológicos no seu dia a dia existencial. Ao orientar inúmeros pacientes que a têm buscado, ao instruí-los no direcionamento das terapias competentes, ao ministrar-lhes os recursos valiosos da fluidoterapia espírita, assim como durante as atividades libertadoras da desobsessão, pôde reunir este valioso material que ora a credencia a escrever com segurança e conhecimento profundo sobre o grave problema que afeta a sociedade hodierna, apresentando os mecanismos saneadores do grande mal.

A presente obra revela-se como um tratado sério sobre os transtornos mentais e ao mesmo tempo é uma contribuição valiosa dos processos terapêuticos oferecidos pelo

xiv

espiritismo para a equação dos tormentos que afligem o ser humano, auxiliando-o na grande escalada evolutiva.

Esperamos que o caro leitor encontre as respostas que busca em torno das questões aqui estudadas, norteando sua existência para a conquista da saúde e da paz.

JOANNA DE ÂNGELIS

Página psicografada pelo médium Divaldo Franco,
na reunião mediúnica do Centro Espírita Caminho da Redenção,
na noite de 2 de julho de 2001, em Salvador, Bahia

psicopatológico: relativo ou pertencente à psicopatologia (ramo da medicina que estuda as modificações do modo de vida, do comportamento e da personalidade de um indivíduo, que se desviam da norma e/ou ocasionam sofrimento e são tidas como expressão de doenças mentais)

desobsessão: ação voltada à cura do processo obsessivo, em benefício do obsidiado e do obsessor

hodierno: atual, moderno, dos dias de hoje

Uma nova leitura dos transtornos mentais

codificação kardequiana: conjunto das cinco obras publicadas por Allan Kardec: *O livro dos Espíritos, O livro dos médiuns, O evangelho segundo o espiritismo, O céu e o inferno e A gênese*

mediunidade: faculdade natural do ser humano, que propicia o intercâmbio entre os planos espiritual e material

denodadamente: de modo cheio de denodo (bravura, coragem); corajosamente

equânime: equilibrado, consistente

EM OUTUBRO DE 1979 TERMINEI DE ESCREVER O MEU PRIMEIRO livro *Obsessão/Desobsessão – profilaxia e terapêutica espíritas*, lançado pela FEB dois anos depois.

Nessa obra registrei a minha experiência acerca do tema obsessão e o valioso processo da desobsessão que a doutrina espírita possibilita. Cumpria assim um compromisso assumido para esta atual reencarnação e, a partir dessa época, várias outras responsabilidades surgiram em meu caminho, possibilitando novas tarefas que fomos realizando, ao lado de companheiros dedicados, mas sempre mantendo a codificação kardequiana como essência e fundamento em minha vida. E, por via de consequência, o estudo constante e o exercício da mediunidade, conforme as diretrizes espíritas.

A paixão pela leitura, cultivada desde os nove anos de idade, facilitou-me ampliar o entendimento, aprofundar as pesquisas, sempre buscando denodadamente uma vivência equânime com os princípios espíritas, os quais recebi de meus queridos pais José Caldas e Zélia Costa Caldas, desde o berço, não apenas por meio de orientações e conselhos, mas especialmente através da exemplificação, verdadeiros espíritas que sempre foram e continuam sendo no plano maior.

Duas dezenas de anos transcorreram desde o lançamento do livro citado e o tempo confirmou todas as experiências ali narradas, acrescidas, como é natural, de novos aprendizados,

apresentação

pois esses não cessam e sempre os teremos, o que é altamente estimulante.

Por outro lado, iniciei há doze anos um estudo mais aprofundado acerca dos transtornos mentais, pois no atendimento às pessoas com frequência nos deparamos com as que traziam diagnósticos psiquiátricos, os mais diversos, e na maioria dos casos identifiquei a associação do processo obsessivo de âmbito espiritual, como também, não raramente, a base do distúrbio era exclusivamente espiritual.

Este foi sempre um instigante e fascinante assunto, que procurei estudar, embora de forma não acadêmica, mas com leituras especializadas possibilitando-me um entendimento maior sobre o assunto. Paralelamente, acrescentei aos seminários sobre obsessão/desobsessão um módulo de 60 minutos enfocando os transtornos mentais, para uma reflexão em torno do que Jung denomina de "perigos da alma", e nosso querido amigo Jorge Andréa, de "dores da alma".

Também o estudo relativo à área da psicologia é de nosso interesse, pois verifico que os transtornos psiquiátricos, psicológicos e obsessivos, na visão espírita, têm muitas coisas em comum.

Em leituras específicas que tratam do psiquismo e da condição humana constatei que existem várias correntes de

distúrbio: mau funcionamento de (órgão, função orgânica etc.)

desobsessão: ação voltada à cura do processo obsessivo, em benefício do obsidiado e do obsessor

psiquismo: conjunto das características psíquicas de um indivíduo

entendimento, cada uma delas ampliando e apresentando aspectos instrutivos e enriquecedores.

Na busca constante de novos conhecimentos conversei com amigos psiquiatras e psicólogos sobre pontos mais complexos, para dirimir dúvidas, aprendendo com eles, como aluna iniciante, ávida de encontrar respostas e compará-las com os conhecimentos espíritas. Foi, portanto, com rara felicidade que constatei o quanto a doutrina espírita é avançada, o quanto é lógica e brilhante, lançando luz, realmente, sobre as complexas questões da psique.

O que motiva a uma pessoa como eu, sem conhecimentos técnicos e acadêmicos, a escrever sobre um tema tão complexo, vasto e verdadeiramente enigmático, mesmo para os maiores estudiosos e especialistas? O fascínio que a mente humana exerce é a resposta. Mas, no meu caso, é essencial acrescentar o desejo de confrontar alguns pontos da imensa área da psiquiatria com os subsídios que o espiritismo tem a oferecer. Mesmo porque não me proponho a ir além do que alcanço, ou seja, apresentar aos possíveis leitores a interpretação psiquiátrica diante dos transtornos mentais e a visão espírita para eles.

Meu propósito, portanto, com este livro é o de fazer nova leitura dos transtornos mentais, realizada à luz do espiritismo, considerando que a literatura espírita a respeito é rica e esclarecedora, mas é bastante esparsa, notadamente a de âmbito mediúnico, o que nos motivou a tentar reunir algumas dessas abordagens. Dentre os autores encarnados, e pontificando, encontra-se o consagrado escritor e médico psiquiatra Jorge Andréa dos Santos, que há décadas dedica-se a esclarecer esse interessante assunto, não apenas "traduzindo" o jargão científico e apresentando a visão espírita, mas em muitos momentos expondo esclarecedoras conclusões por ele inferidas, que modesta e prudentemente coloca como hipótese de trabalho.

ávido: que deseja com ardor

psique: alma, espírito, ego, mente (por oposição a corpo)

pontificar: alcançar grande destaque dentre os similares

jargão: código linguístico próprio de um grupo com vocabulário especial, difícil de compreender ou incompreensível para os não iniciados

inferir: deduzir

Relacionei, nestas páginas, os transtornos mentais mais citados pelas pessoas que nos procuraram ao longo de mais de três décadas de atendimento na instituição espírita.

Todas as definições e a etiologia apresentadas após cada transtorno mental foram extraídas do *Compêndio de psiquiatria*, de Harold I. Kaplan e Benjamin J. Sadock, 6.ª edição, que identifico com as iniciais CP, logo após a transcrição. Refiro-me em seguida à visão espírita de cada um deles. Apresento dois capítulos especiais, referentes ao transtorno de personalidade múltipla e outro abordando o autismo, apoiados nos excelentes estudos e pesquisas do renomado escritor e nosso querido amigo Hermínio Miranda, por ser extremamente oportuna a visão espírita acerca de ambos, abrindo um imenso campo para o entendimento das causas que os motivam. Como de resto acontece com tudo o mais que abordamos neste livro.

Julguei ser interessante abordar também a questão dos vícios e obsessão, apresentando o corajoso e emocionante depoimento de Christina Grof, conforme o seu livro *Sede de plenitude*. Na segunda parte enfoco a terapêutica espírita e alguns pontos importantes das reuniões de desobsessão, que deixei de mencionar no *Obsessão/Desobsessão*. Sempre que possível narro casos, todos verídicos, como é óbvio, que exemplificam os resultados do tratamento espírita.

Assim, caros leitores, apresento-lhes este meu novo livro, como complemento do primeiro, retrocitado, cuja leitura recomendo para aqueles que queiram ter uma visão mais ampla do assunto.

É uma contribuição simples, não tenho pretensões científicas, como todos os que me conhecem sabem, mas creio que será útil àqueles que se dedicam ao labor da mediunidade e especialmente da desobsessão, aos que fazem o atendimento fraterno, e também aos que se interessam pelo tema, seja por

---

etiologia: estudo das causas das doenças

compêndio: resumo de uma teoria, ciência, doutrina etc.

reunião de desobsessão: atividade realizada com o propósito específico de tratamento do processo obsessivo, em benefício do obsidiado e do obsessor

labor: trabalho

atendimento fraterno: atividades que integram a recepção, a análise e o encaminhamento dos casos das pessoas que buscam assistência na instituição espírita

avassalar: causar devastação a; arrasar, destruir

esquizofrenia: termo geral que designa um conjunto de transtornos mentais com sintomas típicos, incluindo alucinações, enganos, desordem de pensamentos e ausência de respostas emotivas, aliadas a fatores genéticos e tensões ambientais

insidioso: que prepara ciladas; enganador, traiçoeiro

rapport: relação de simpatia, harmonia, conexão entre duas ou mais pessoas

concernir: ter relação com

distonia: doença, transtorno (qualquer perturbação da saúde)

preferência, seja por vivenciarem problemas de ordem psíquica ou espiritual em si próprios ou em familiares ou amigos.

O conhecimento é sempre benéfico e ajuda a minorar os problemas que avassalam a vida humana.

No capítulo relativo à esquizofrenia, citamos a opinião de Jung quando se refere ao sucesso no tratamento desse insidioso mal. Extrapolando, porém, para o âmbito geral dos transtornos mentais, registramos aqui o pensamento do eminente psiquiatra suíço, quando afirma:

> O que, em última análise, importa no tratamento é o *sacrifício pessoal, a seriedade de propósito, a abnegação dos que tratam.* Vi resultados verdadeiramente milagrosos de enfermeiros e leigos cheios de compreensão que restabeleceram o *rapport* com o doente, conseguindo curas espantosas.

Esta afirmativa é da maior importância no que concerne à visão espírita das distonias mentais e consequente tratamento espiritual, pois esse tem como bases o amor, a dedicação, a solidariedade.

É essa a essência deste trabalho. O motivo e o estímulo transcendem à perspectiva imediata e avançam para os tempos porvindouros. Penso no futuro e almejo que a saúde mental alcance uma compreensão maior e mais humana, pois dela decorrerá a conquista de um corpo físico mais saudável.

Recordo-me, neste instante, de uma mensagem de Emmanuel, verdadeira preciosidade dentre as muitas com que nos tem presenteado, quando, ao analisar os avanços científicos, afirma:

> A ciência terrestre, afinal, poderá especializar as suas atividades, surpreendendo novos compêndios e catalogando novos

valores nos seus centros de estudo, mas não terá realizado um trabalho mais sério, em benefício da alma humana, sem espiritualizar o homem. [mensagem "Genética espiritual" psicografada por Francisco C. Xavier; in: *Anuário espírita* (1992)]

Nesta etapa da minha vida, já posso antever o amanhã pleno de luz e beleza que se anuncia, vencidas as lutas redentoras, almejando que seja para toda a humanidade o prenúncio de uma nova era de paz e felicidade.

antever: ver antes; observar com antecedência

prenúncio: aquilo que precede e anuncia, por indícios, um acontecimento

SUELY SCHUBERT

Juiz de Fora, MG, verão de 2001

Considerações iniciais

EM 16 DE JULHO DE 1997, A REVISTA *Veja* APRESENTOU interessante matéria de autoria do jornalista Eurípedes Alcântara, intitulada "Fronteiras do desconhecido – 50 perguntas para as quais a ciência não tem resposta", na qual revela que a ciência tem hoje mais dúvidas do que certezas absolutas e que

> a verdadeira medida do progresso científico não está na quantidade de respostas que os pesquisadores podem produzir, mas na qualidade das indagações que eles aprendem a formular.

As perguntas apresentadas abrangem as áreas de astronomia, Terra, evolução, biologia e medicina e são as mais instigantes que se possam imaginar e nos dão a dimensão do quanto estamos atrasados e do aprendizado infinito que existe à nossa frente.

Algumas perguntas, porém, nos interessam mais de perto, pois estão relacionadas com o cérebro e a mente. Essa área compete aos neurofisiologistas, cientistas que estão empenhados em entender o mecanismo de funcionamento do cérebro humano.

Os estudiosos do assunto revelam que essa é uma das mais notáveis empreitadas científicas para o século XXI.

neurofisiologista: especialista em neurofisiologia, ramo da fisiologia (estudo das funções e do funcionamento normal dos seres vivos) que cuida do sistema nervoso

introdução

Segundo o matemático inglês Roger Penrose, o cérebro não tem a capacidade de entender a si mesmo, mas isso é um ardil, pois quando o cérebro for capaz de entender a si próprio ele terá se modificado de tal forma que será preciso iniciar o estudo de novo ponto de partida. E acrescenta que no fundo ninguém sabe onde termina o cérebro e começa a mente.

Disso advém outra questão:

como os pensamentos imateriais podem ser estocados fisicamente no cérebro, por meio de interações biológicas e químicas num processo que chamamos memória?

Em meio a tantas dúvidas, o que aconteceria se alguém perguntasse "onde fica a alma?" ou "o que é o espírito?". São considerações do físico James Trefil e ele próprio reconhece que "nem todas as indagações humanas pertencem ao universo da ciência."

Outras questões podem ser formuladas, como:

Se o cérebro é dezenas de vezes mais complexo do que o DNA, a molécula que transmite os caracteres hereditários, como pode o DNA produzir o cérebro? A mente pode existir separada do cérebro?

ardil: ação que visa a iludir; armação, cilada

interação: influência mútua de órgãos ou organismos inter-relacionados

DNA: ADN, ácido desoxirribonucleico (em inglês: *DeoxyriboNucleic Acid*), composto orgânico cujas moléculas contêm as instruções genéticas que coordenam o desenvolvimento e funcionamento de todos os seres vivos e alguns vírus

O assunto é extremamente fascinante e, de imediato, começamos a confrontar tais cogitações da ciência atual com as explicações que a doutrina espírita fornece, nesse inesgotável campo que abrange a mente, o pensamento e o cérebro. Temos conosco um formidável acervo de informações que tocam no âmago dessas pesquisas. A doutrina apresenta algumas chaves essenciais para que se aprofundem e aclarem muitas das formulações de âmbito científico, filosófico, ético-moral, religioso etc.

As respostas às perguntas relacionadas linhas atrás requerem o conhecimento acerca do Espírito, do perispírito, a lei de causa e efeito, a reencarnação, só para citar algumas das chaves que abrem o nosso entendimento.

A aceitação disso, todavia, implicaria mudança dos paradigmas que norteiam a ciência, especialmente daquele que regula a física e que estabelece a não existência de Deus e de que todo o universo resulta de leis mecânicas, que regem a matéria, dando origem a tudo.

Nesse ponto é oportuno verificarmos o que o físico e historiador da ciência Thomas Kuhn leciona a respeito de paradigmas, conforme foi citado por Stanislav Grof:

> Um paradigma é uma constelação de crenças, valores e técnicas compartilhadas pelos membros de uma determinada comunidade científica.
>
> Os paradigmas possuem tanto uma influência normativa quanto cognitiva, e contêm ainda afirmações a respeito da natureza e da realidade, definindo também o campo de problemas permissíveis, determinando os métodos de abordagem aceitáveis e estabelecendo os critérios-padrão de solução. [...]

---

acervo de informações: conjunto de conhecimentos

âmago: cerne: aspecto central, principal

perispírito: corpo espiritual; envoltório semimaterial do Espírito

paradigma: um exemplo que serve como modelo; padrão

normativo: que estabelece normas ou padrões de comportamento; que determina o que é correto, bom etc.

cognitivo: relativo ao conhecimento, à cognição

A aceitação de um novo paradigma raramente é fácil, pois depende de uma variedade de fatores emocionais, políticos e administrativos. [...]

Durante os três últimos séculos, a ciência ocidental foi dominada pelo paradigma newtoniano–cartesiano, um sistema de pensamento baseado no trabalho do cientista inglês Isaac Newton e pelo filósofo René Descartes. [...][1]

Por outro lado, Stanislav Grof ressalta que a aderência rígida ao paradigma newtoniano–cartesiano tem consequências perniciosas, particularmente para a prática da psicologia e psiquiatria. Nele, o ser humano é apresentado como uma máquina biológica movida por impulsos e não reconhece valores mais altos como a consciência espiritual, sentimento de amor, carência estética ou senso de justiça.

A ciência mecanicista ocidental tende a ver experiências espirituais de quaisquer tipos como fenômenos patológicos. A corrente freudiana encara a religião como uma neurose coletiva obsessivo-compulsiva. Os grandes xamãs de várias tradições aborígenes foram descritos como esquizofrênicos ou epiléticos e alguns dos mais importantes santos, profetas e mestres religiosos receberam diversos rótulos psiquiátricos. Esses critérios psiquiátricos são aplicados sem distinção, rotineiramente, mesmo a grandes mestres das religiões, como Buda, Jesus, Maomé ou Ramakrishna.[2]

pernicioso: que faz mal; nocivo

mecanicismo: doutrina filosófica que concebe a natureza como uma máquina, que obedece a relações de causalidade necessárias, automáticas e previsíveis

neurose: distúrbio psíquico

xamã: indivíduo escolhido pela comunidade para a função sacerdotal, ao qual se atribui a invocação, o controle ou a mediação com os Espíritos

aborígene: nativo, indígena

---

1. Stanislav Grof, *Além do cérebro.*
2. Idem, ibidem.

Esses comentários e comparações são importantes, a fim de não permanecermos ou adotarmos posições fanáticas, e sim assimilando cada vez mais os ricos conteúdos doutrinários ao nosso alcance e, que, se bem os analisarmos, verificaremos o quanto de progresso ocorreu a partir da cristalina fonte kardequiana.

A propósito, vejamos o que diz Allan Kardec, referindo-se ao caráter progressivo da doutrina espírita:

> Pelo fato de ela não se embalar com sonhos irrealizáveis, não se segue que se imobilize no presente. Apoiada tão-só nas leis da natureza, não pode variar mais do que essas leis; mas, se uma nova lei for descoberta, tem ela que se pôr de acordo com essa lei. Não lhe cabe fechar a porta a nenhum progresso, sob pena de se suicidar. Assimilando todas as ideias reconhecidamente justas, de qualquer ordem que sejam, físicas ou metafísicas, ela jamais será ultrapassada, constituindo isso uma das principais garantias da sua perpetuidade.[3]

caráter: qualidade peculiar; especificidade, cunho

metafísico: que transcende a natureza física das coisas

---

3. Allan Kardec, *Obras póstumas* ["Constituição do espiritismo", item 2].

parte I

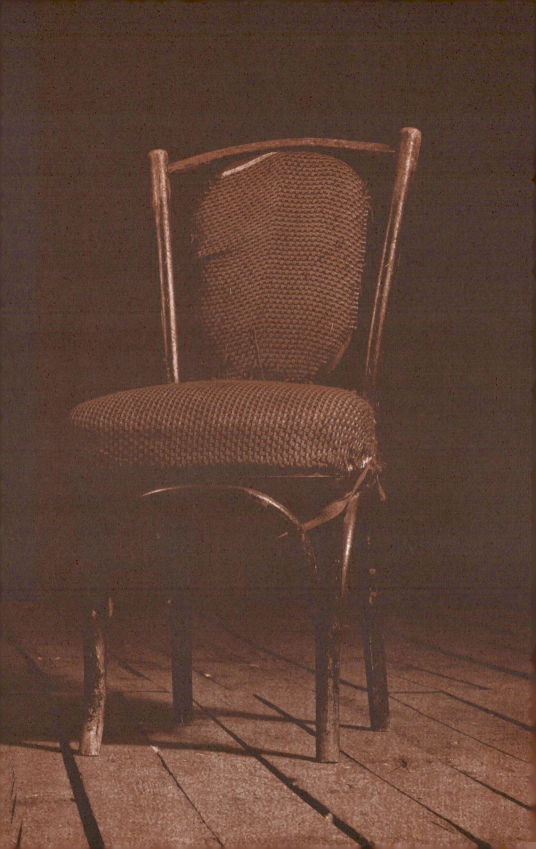

Definindo
os transtornos mentais

PARA ENTENDERMOS UM POUCO MELHOR O QUE SIGNI-
ficam os transtornos mentais, apresentamos a seguir
algumas definições, sob a ótica científica, de alguns
pontos que consideramos básicos, a fim de mais adiante
compararmos com os esclarecimentos espíritas.

Isso é imprescindível para dimensionarmos a importância do espiritismo no atendimento e na terapêutica desse
complexo campo dos transtornos da mente, suavizando assim os sofrimentos humanos. É preciso, então, enveredar, algumas vezes, pelos caminhos da ciência médica, que, como
é óbvio, muito tem feito para minimizá-los.

Segundo Rollo May,

> do ponto de vista psicanalítico – a enfermidade mental con-
> siste numa dissociação da mente do paciente e dos conflitos
> psicológicos daí resultantes. O objetivo da psicanálise é reuni-
> ficar a vida mental, trazendo o conflito do inconsciente para
> a consciência.[4]

imprescindível: necessário; que não é prescindí-vel (renunciável, dispensável)

terapêutica: terapia (método apropriado para tratar determina-da doença)

psicanalítico: relativo ou per-tencente à psi-canálise – teoria da alma ("psi-que") criada por Sigmund Freud (1856–1939, neu-rologista austría-co) com propósito terapêutico

dissociação: separação, desagregação

---

4. Rollo May, *A arte do aconselhamento psicológico.*

capítulo 1

É oportuno registrar, logo em seguida, o que é uma dissociação mental, conforme esclarece Jayme Cerviño:

> Entendemos por dissociação ou automatismo o fato de uma área mais ou menos extensa do cérebro agir desvinculada da consciência normal.[5]

A histeria, por exemplo, é um transtorno dissociativo.
Segundo Jung, a esquizofrenia expressa uma dissociação muito grave.
Nesses casos, a dissociação indica uma desagregação de uma parte da pessoa com ela mesma. Voltaremos ao assunto, com mais detalhes, no capítulo em que tratarmos dos transtornos dissociativos.
A pessoa mentalmente desequilibrada tenta se defender contra o seu próprio inconsciente. Há uma intensa luta intrapsíquica e isso é muito doloroso.

histeria: neurose que se exprime por manifestações de ordem corporal, sem que haja qualquer problema orgânico funcional

esquizofrenia: termo geral que designa um conjunto de transtornos mentais com sintomas típicos, incluindo alucinações, enganos, desordem de pensamentos e ausência de respostas emotivas, aliadas a fatores genéticos e tensões ambientais

intrapsíquico: dentro da psique (esfera mental ou comportamental do indivíduo)

---

5. Jayme Cerviño, *Além do inconsciente*.

subliminar: que não ultrapassa o limiar da consciência, mas que, pela repetição ou por outras técnicas, pode atingir o subconsciente, afetando as emoções, desejos, opiniões

psicopatologia: ramo da medicina que estuda as modificações do modo de vida, do comportamento e da personalidade de um indivíduo, que se desviam da norma e/ou ocasionam sofrimento e são tidas como expressão de doenças mentais

distúrbio: mau funcionamento de (órgão, função orgânica etc.)

psicogênico: relativo à psicogenia (origem de um fato psíquico numa atividade ou experiência psicológica prévia)

neurose: distúrbio psíquico

Outro ponto importante é aclararmos o que representa o inconsciente. Jung afirma que

> o inconsciente pode ser definido como a soma dos processos psíquicos que não são percebidos e, portanto, são inconscientes. O inconsciente abrange todos os processos psíquicos que não possuem a intensidade suficiente para ultrapassar o limiar que divide a consciência do inconsciente. Esses processos, por conseguinte, permanecem sob a superfície da consciência, manifestando-se, algumas vezes, de modo subliminar.[6]

Mas qual seria a função do inconsciente? É ainda Jung que explica que a sua

> tarefa fundamental, nas pessoas normais, consiste em estabelecer uma compensação e um equilíbrio nas tendências extremistas da consciência.

Quando isso não é alcançado, rompe-se o equilíbrio mental. Essa é a importância do inconsciente para a psicopatologia, assevera Jung.[7]

Em condições mentais de anormalidade, o inconsciente se manifesta. Vejamos como Jung exemplifica isso:

> a atividade inconsciente aparece com maior nitidez nos distúrbios de natureza psicogênica, tais como a histeria, a neurose obsessiva[8] etc.

---

6. Carl G. Jung, *Psicogênese das doenças mentais*.
7. Idem, ibidem.
8. Hoje denominada de transtorno obsessivo-compulsivo – TOC.

Ele aduz que as alucinações e ideias delirantes são processos inconscientes.

Nas perturbações mentais

o que, na verdade, acontece é uma irrupção anormal da atividade regular do inconsciente para a consciência, perturbando assim o ajustamento do indivíduo ao meio.[9]

As doenças mentais caracterizam-se por um número muito grande de perturbações, dentre elas citamos de forma sintetizada: perturbações da consciência; perturbações do humor; perturbações gerais na forma e processo do pensamento; perturbações da memória; perturbações da fala; perturbações da percepção; perturbações da inteligência (retardo mental; demência) e outras. [CP]

Apesar de todo o progresso da medicina existem muitos paradoxos, principalmente no que concerne às funções mentais, esse vasto e desconhecido mundo da psique humana.

Assim é que as lesões cerebrais produzidas por meningites, encefalites provocam reações diferentes nas pessoas, embora tenham sofrido o mesmo tipo de lesão, é o que menciona o Dr. Leopoldo Balduíno.[10]

Para melhor apreensão acerca dos aspectos espirituais que fundamentam a vida terrena, é da maior importância ressaltar que as enfermidades mentais são efeitos e não causas.

Esta é uma das importantes contribuições do espiritismo para clarificar os problemas humanos.

---

9. Carl G. Jung, opus cit.

10. Leopoldo Balduino, *Psiquiatria e mediunismo.*

aduzir: expor ou apresentar (razões, argumentos, provas etc.)

irrupção: aparição ou intervenção ou invasão repentina

paradoxo: aparente falta de nexo ou de lógica; contradição

concernir: ter relação com

meningite: inflamação das meninges (cada uma das três membranas superpostas que envolvem o encéfalo e a medula espinhal), aguda ou crônica, quase sempre de origem infecciosa

encefalite: inflamação do encéfalo, de causa sobretudo infecciosa e especialmente viral

apreensão: assimilação ou compreensão; percepção

clarificar: esclarecer

distonia: doença, transtorno (qualquer perturbação da saúde)

mórbido: que origina, que causa doença

perispírito: corpo espiritual; envoltório semimaterial do Espírito

interação sintomática: influência mútua dos sintomas

Importa ressaltar que a chave para ampliar o raciocínio humano está na reencarnação. Assim, tanto as distonias mentais quanto as doenças orgânicas expressam os resultados de ações desequilibradas do Espírito, no seu passado próximo ou remoto, que o tornam vulnerável, visto que a conduta negativa, danosa, prejudica primeiramente o próprio autor, abrindo zonas mórbidas em seu psiquismo, refletindo-se no seu perispírito e registrando-se no corpo físico em reencarnações posteriores.

Relacionaremos nos capítulos seguintes alguns transtornos mentais, de maneira bem sintética e simplificada, o que significam, conforme a ciência médica e o que o espiritismo acrescenta em cada caso.

Deve-se levar em conta que, com bastante frequência, as enfermidades mentais não apresentam quadros clínicos bem definidos, pois quase sempre ocorrem interações sintomáticas, o que dificulta a avaliação do médico e requer acurada observação. Os sintomas podem oscilar ou apresentar-se de forma associada.

Para melhor apreensão acerca dos aspectos espirituais que fundamentam a vida terrena, é da maior importância ressaltar que as enfermidades mentais são efeitos e não causas.

Transtornos de ansiedade

síndrome: conjunto de sinais e sintomas observáveis em vários processos patológicos diferentes e sem causa específica

ESTE GRUPO DE TRANSTORNOS É CLASSIFICADO ATUAL-mente "em conjunto, porque a ansiedade teoricamente é o sintoma fundamental em todas essas síndromes." [CP] Segundo Rollo May, vive-se hoje a "era da ansiedade".[11]

Mas o que é ansiedade? Por que a ansiedade é tão comum nas pessoas, na época atual?

A complexidade da vida moderna, a competitividade, as pressões, os desafios impostos aos indivíduos, as frequentes e rápidas mudanças, a perda dos valores familiares e religiosos e os conflitos daí resultantes geram constantes estados de ansiedade, que nem sempre são resolvidos ou administrados positivamente.

A ansiedade traduz-se como expectativa e/ou esforço de adaptação ante situações da vida, podendo ser decorrentes de frustrações profissionais ou afetivas, conflitos conjugais, morte de entes queridos, situações socioeconômicas desfavoráveis, tais como perda de emprego, dívidas financeiras etc. Incluem-se também o medo da violência, dos acidentes e de tudo o que a vida moderna traz no seu bojo, em seus aspectos mais negativos.

bojo: escopo, campo

Ao avaliar um paciente com ansiedade, presta-se atenção à quantidade, tipo e efeito dos sintomas. A ansiedade

---

11. Rollo May, *O significado de ansiedade.*

capítulo 2

causada por "sentimento de incompetência, inadequação e impotência é um aspecto proeminente da perturbação." [CP]

É importante ressaltar que existe a ansiedade normal e a patológica.

proeminente: que sobressai, que se destaca

Ansiedade normal

A ansiedade é uma sensação difusa, desagradável, de apreensão,

difuso: que não apresenta limites precisos

que pode ser acompanhada por uma ou mais sensações corporais – por exemplo, uma sensação de vazio na boca do estômago, aperto do tórax, batimentos cardíacos acelerados, sudorese, cefaleia ou súbita necessidade de evacuar. Inquietação ou um desejo de movimentar-se também são comuns. [CP]

apreensão: grande inquietação; preocupação, receio, temor

sudorese: secreção de suor; transpiração

A ansiedade normal expressa uma inquietude interior, uma expectativa ou uma grande preocupação comuns a todas as pessoas.

É ainda Rollo May que esclarece ser a ansiedade essencial à conduta humana. "A presença da ansiedade significa vitalidade".[12]

cefaleia: dor de intensidade variável, localizada ou difusa, em qualquer parte da cabeça; dor de cabeça

súbito: repentino, inesperado

---

12. Idem, ibidem.

Ficamos naturalmente ansiosos quando temos que prestar um exame, fazer o vestibular, enfrentar uma entrevista para conseguir emprego, diante de uma separação ou morte de pessoa amada, mas apesar do estado íntimo enfrentamos o desafio e o superamos.

A ansiedade, em determinada situação, é um estado de alerta que serve para avisar sobre um perigo iminente e possibilita que a pessoa tome medidas para enfrentar a ameaça.

Na ansiedade está presente o medo. Afirma Mira y López que "o medo é a mais primária das emoções humanas".[13]

Existe o medo natural que todos temos e que a pessoa sabe identificar qual é e até procura precaver-se contra o objeto do seu temor. O medo de ter sua casa assaltada por ladrões, por exemplo, é comum a quase todas as criaturas. Nesse caso, as pessoas se previnem, fechando-a bem, colocando grades, cadeados, alarmes.

A ansiedade tem importante função como estado de alerta, um sinal para preservação da vida diante de ameaças de danos corporais, de dor, de separação, de morte de pessoa amada, de ameaça ao sucesso ou situação social, enfim, de ameaça à integridade pessoal. O estado de ansiedade diante dessas situações é a resposta orgânica e psicológica para assumir as ações necessárias para evitar a ameaça ou, pelo menos, atenuar suas consequências.

> **iminente:** que ameaça se concretizar, que está a ponto de acontecer; próximo

> **atenuar:** tornar menos intenso; reduzir, abrandar, amenizar

---

13. Mira y López, *Quatro gigantes da alma*.

Ansiedade patológica

Na quarta edição do *Diagnostic and statistical manual of mental disorders* (DSM-IV), dentre os transtornos de ansiedade incluem-se:

> › transtorno de pânico com agorafobia;
> › transtorno obsessivo-compulsivo;
> › transtorno de estresse pós-traumático.

Enumeramos apenas os que mencionaremos neste livro.

Quando a ansiedade eleva-se acima do baixo nível de intensidade característico de sua função como sinal, temos a ansiedade patológica, podendo expressar-se, neste caso, como uma crise de pânico.

Na teoria psicanalítica, os transtornos de ansiedade são denominados de transtornos neuróticos, é o que informa o CP. Contudo,

> em vez de classificar todos os transtornos neuróticos clássicos como transtornos de ansiedade, como poderia ser sugerido pelo modelo psicanalítico, o DSM-IV classifica cada transtorno de acordo com os seus sintomas primários.

É oportuno citarmos agora a diferença entre a ansiedade normal e a patológica, conforme assinala Rollo May, cujo pensamento sintetizamos.

A ansiedade normal não é desproporcional à ameaça objetiva; não envolve repressão ou outros mecanismos de conflito intrapsíquico; não requer mecanismos neuróticos de defesa para seu controle; pode ser enfrentada construtivamente no nível de percepção consciente ou pode ser aliviada se a situação objetiva for alterada.

---

agorafobia: medo mórbido de se achar sozinho em grandes espaços abertos ou de atravessar lugares públicos

estresse: esgotamento físico ou emocional como reação do organismo a agentes de natureza diversa (trauma, doença, emoção, cansaço, tensão etc.) que alteram o estado de equilíbrio do corpo e aumentam a produção de adrenalina

psicanalítico: relativo ou pertencente à psicanálise – teoria da alma ("psique") criada por Sigmund Freud (1856–1939, neurologista austríaco) com propósito terapêutico

supressão: eliminação, extinção, cancelamento

neurose: designação geral dada a qualquer doença nervosa, especialmente àquelas em que não se encontra qualquer lesão orgânica, e que se caracterizam por dificuldades de ajustamento social, embora mantidas as capacidades de inteligência

subjugação: ato ou efeito de manter ou adquirir domínio sobre

mórbido: que origina, que causa doença

esquizofrenia: termo geral que designa um conjunto de transtornos mentais com sintomas típicos, incluindo alucinações, enganos, desordem de pensamentos e ausência de respostas emotivas, aliadas a fatores genéticos e tensões ambientais

A ansiedade patológica é o reverso da definição de normal. É uma reação desproporcional ao perigo objetivo; envolve repressão, dissociação e outras formas de conflito intrapsíquico; é controlada mediante várias formas de supressão de atividade e consciência, como as inibições, o desenvolvimento de sintomas e os diversos mecanismos neuróticos de defesa.

Em relação à neurose, Jung enfatiza que ela traduz

um conflito entre o eu e uma força contrária relacionada aos conteúdos inconscientes.

Segundo o eminente psicanalista existe um intenso conflito, pois

todo neurótico luta pela preservação e domínio da consciência e pela subjugação das forças inconscientes contrárias.[14]

A pessoa luta por preservar a sua integridade mental.

Nesta mesma linha de raciocínio, afirma Jung que há um perigo muito grande: quando o indivíduo deixa de lutar e

se deixa invadir e guiar pelos estranhos conteúdos do inconsciente, chegando a se identificar com os elementos mórbidos, ele fica exposto ao risco da esquizofrenia.

---

14. Carl G. Jung, *Psicogênese das doenças mentais*.

Ansiedade (neurose) na visão espírita

Jorge Andréa assim se expressa a respeito:

A ansiedade do neurótico caracteriza-se, muitas vezes, pela irresolução de tudo o que pretende e pensa, com isso desenvolve-se um panorama angustiante, que, não raro, atinge graus máximos desencadeando as "crises" e "ataques nervosos" com participação do sistema simpático–parassimpático (sudorese intensa, tenesmo, cólicas, crises diarréicas, distúrbios visuais e do labirinto etc.).

Afirma Andréa que podem surgir:

dores difusas, pontadas imprecisas no lado do coração, fígado, intestinos etc. O doente tem a impressão de que está para vir o pior: a loucura!

O sintoma característico da neurose é a ansiedade descontrolada, tornando os indivíduos tímidos e angustiados pela dúvida e insegurança, excessivamente medrosos e pessimistas, enquanto se tornam desconfiados e inquietos. A ansiedade do neurótico é uma ansiedade desmantelada sem o senso de direção e conduta, divergindo da ansiedade-inquietude daqueles que têm intensa vida interna, causada pelo pronunciamento excessivo das afetividades (sentimentos, paixões, emoções, tendências).[15]

A respeito de neurose, não podemos nos esquecer que raríssimas são as pessoas que não tenham, momentaneamente, comportamentos neuróticos. Determinadas manias e cacoetes podem expressar esses indícios.

---

15. Jorge Andréa dos Santos, *Enfoques científicos na doutrina espírita*.

---

irresolução: falta de resolução; indecisão

simpático: parte do sistema nervoso vegetativo que põe o corpo em estado de alerta

parassimpático: parte do sistema nervoso vegetativo que põe o corpo em estado de repouso

tenesmo: espasmo doloroso do esfíncter anal ou vesical (bexiga) com desejo urgente de defecar ou urinar, e com eliminação de quantidade mínima de fezes ou urina

labirinto: sistema de canais e cavidades que se comunicam entre si e formam a orelha interna

cacoete: gesto, trejeito ou hábito corporal feio, de mau gosto, anormal, ridículo ou vicioso

Por que isso? O instrutor espiritual Manoel Philomeno de Miranda responde-nos dizendo que "é muito diáfana a linha divisória entre a sanidade e o desequilíbrio mental".[16]

Ensina Jorge Andréa, referindo-se àquele que tem neurose:

> é por natureza inseguro, comumente ajustado ao meio, possuindo certa harmonia psíquica [...] é o grande amedrontado, em constante fuga, perdendo a segurança do Eu [...] São os que mais sofrem e menos causam sofrimentos.[17]

Em decorrência de todos esses sofrimentos, a pessoa neurótica passa a utilizar-se de certos mecanismos de defesa, que vai engendrando à medida que julga serem eficientes. Alguns são chamados de rituais.

Rituais – atividade automática de natureza compulsiva, com o fim de reduzir a ansiedade.

J.B., 35 anos, rapaz muito forte, acostumado a trabalhos pesados, apresentava um diagnóstico de neurose fóbica, na qual o medo de passar por algum problema cardíaco era o cerne de seu sofrimento. Os sintomas surgiram aos 14 anos de idade, desde então submeteu-se a tratamento psiquiátrico. À época em que nos procurou fazia uso de cinco remédios diferentes, quase sem resultados, pois os sintomas oscilavam muito. Era permanentemente dominado pela ansiedade, sensação de aperto no peito, sudorese, pernas trêmulas, taquicardia, sintomas que surgiam inesperadamente ou quando ouvia alguém contar um caso de enfarte, de parada cardíaca

---

diáfano: vago, sutil

engendrar: dar existência a

cerne: aspecto central, principal

taquicardia: aceleração dos batimentos cardíacos, geralmente aplicado a taxas acima de cem batimentos por minuto

---

16. Divaldo Franco, Manoel Philomeno de Miranda (Espírito), *Nas fronteiras da loucura*.

17. Jorge Andréa dos Santos, *Visão espírita nas distonias mentais*.

etc. Para defender-se de tais crises, desenvolveu certos rituais, porque imaginava que se os cumprisse evitaria as crises. Um desses rituais era realizado quando saía de um cômodo da casa para outro, tinha então de ficar olhando da porta o lugar onde estivera sentado, para verificar se realmente saíra de lá; depois dava alguns passos e voltava para a porta e repetia o ato. Ao deitar-se, tinha que se levantar por nove vezes e a cada vez proferir certas palavras, que um dia julgou ter sido benéficas. Em certa hora do dia conversava em voz alta consigo mesmo, expondo os seus problemas e argumentando o quanto sofria. Recorreu à terapêutica espírita, cumprindo-a com perseverança e disciplina. Percebeu-se a presença de entidades obsessoras que agravavam o seu estado mental, provocando as crises que eram quase diárias. Foi realizada a desobsessão, nos moldes que abordaremos à frente. As melhoras foram notáveis, o que levou o psiquiatra a mudar toda a medicação, diminuindo bastante quantidade e dosagem. Caso atendido em 1992, a pessoa permaneceu em nossa instituição por vários anos, apenas com remédio de manutenção, que controlava o condicionamento da ansiedade.

Y.A., uma jovem adolescente, desenvolveu ansiedade neurótica e o ritual de só sair à rua depois de vestir três blusas, uma sobre a outra, para sua segurança pessoal, evitando assim a sensação de medo que a acometia quando estava fora de casa. A família solicitou ajuda espiritual e esclareceu que ela já estava sob cuidados médicos, sem grande resultado. Não foi constatada a obsessão espiritual. Foi-lhe prescrito o tratamento fluidoterápico (passes), participação no grupo de jovens para estudo do evangelho e da doutrina espírita, a fim de esclarecê-la, devolvendo-lhe a fé em Deus e a confiança em Sua proteção. A jovem voltou ao seu estado normal,

> **terapêutica:** terapia (método apropriado para tratar determinada doença)

> **obsessor:** indivíduo que exerce influência mental sobre outro de modo persistente e maléfico

> **desobsessão:** ação voltada à cura do processo obsessivo, em benefício do obsidiado e do obsessor

> **obsessão:** ação mental persistente e maléfica que um indivíduo exerce sobre outro

> **passe:** ato de impor as mãos sobre alguém com o objetivo de transmitir-lhe fluidos benéficos

retomando os estudos que havia abandonado. Permaneceu quase dois anos em nossa casa; passou a frequentar outro grupo cujos horários eram mais compatíveis com os cursos que fazia. Durante um bom tempo tivemos notícias suas e de seu progresso. Caso ocorrido na década de 1980, quando ainda fazíamos parte do Centro Espírita Ivon Costa.

dissertar: expor algum assunto de modo sistemático, abrangente e profundo; discorrer

Carneiro de Campos, Espírito, dissertando a respeito das neuroses, expõe o aspecto espiritual que envolve esse tipo de transtorno mental:

calceta: que cometeu um delito e está obrigado à sua recomposição

O neurótico é, antes, um Espírito calceta, em inadiável processo purificador. Reencarnado para ressarcir ou recambiado à reencarnação por necessidade premente de esquecer delitos e logo repará-los.

recambiar: fazer retornar

Finaliza, ressaltando a causa da alta incidência das neuroses e qual o caminho para minimizar essa situação:

Conscientizar, responsabilizar, iluminar a mente humana, eis como apresentar-se eficiente método para estancar a avassaladora onda da neurose atual, que, encontrando vazia de reservas morais a criatura humana, cada vez se torna pior, transformando a vida moderna em pandemônio e o homem, consequentemente, em servo do desequilíbrio dominador, desditoso.[18]

pandemônio: mistura confusa de pessoas ou coisas; confusão

desditoso: que ou o que foi atingido pela desdita (má sorte, infortúnio); desafortunado, infeliz

---

18. Divaldo Franco, Espíritos diversos, *Sementes de vida eterna*.

Transtorno obsessivo-compulsivo (TOC)

A característica do transtorno obsessivo-compulsivo (TOC) é o sintoma de obsessão e compulsão recorrentes, suficientemente graves para causarem acentuado sofrimento para a pessoa. As obsessões e compulsões consomem tempo e interferem significativamente na rotina normal da pessoa.

Uma obsessão é um pensamento, sentimento, ideia ou sensação intrusivos. A obsessão é um estado mental e a compulsão é um comportamento consciente e recorrente, tal como contar, verificar ou evitar. Um paciente com TOC percebe o quanto são irracionais o pensamento obsessivo e a compulsão, mas não consegue evitá-los.

O ato compulsivo é uma operação defensiva destinada a reduzir a ansiedade e o medo que a ideia ou o sentimento obsessivo provocam. Mas, ao mesmo tempo, o paciente reconhece que tudo isso é absurdo e tem o desejo de resistir, mas não tem força de vontade suficiente para isso. Portanto, na grande maioria dos casos os pacientes pouca resistência oferecem à compulsão. [CP]

O TOC ocorre aproximadamente em 1% a 2% da população e, em geral, começa a se manifestar durante a última fase da infância ou já na adolescência.

Alguns dos mais comuns "rituais" obsessivos são:

> pavor na contaminação de coisas sujas ou com micróbios;
> ser excessivamente exigente quanto à arrumação de seus objetos pessoais e de casa;
> pavor dos pensamentos não comuns sobre sexo;
> impulsos agressivos;
> dúvidas sobre assuntos que a pessoa sabe que não tem nenhuma necessidade com que se preocupar.

> **compulsão:** imposição interna irresistível que leva o indivíduo a realizar determinado ato ou a comportar-se de determinada maneira

> **intrusivo:** que resulta da ação de se introduzir, sem direito ou por violência

Alguns dos mais comuns atos compulsivos são:

> conferir;
> medir;
> lavar;

> guardar;
> contar;
> evitar.

etiologia: estudo das causas das doenças

eletroencefalograma: exame que registra as variações do potencial elétrico do cérebro nos animais e no homem

córtex pré--frontal: parte anterior do lobo frontal (um dos cinco lobos que compõem o cérebro humano) responsável pela orquestração de pensamentos e ações e pela análise das consequências dessas ações

compêndio: resumo de uma teoria, ciência, doutrina etc.

borrifar: umedecer com pequeníssimas gotas

Etiologia – existem várias hipóteses, mas duas são básicas.

A primeira relaciona o TOC com o transtorno depressivo. Os estudos de EEG (eletroencefalograma) demonstram anormalidades similares àquelas vistas na depressão.

A segunda refere-se a dados que sugerem anormalidade no córtex pré-frontal. [CP]

Mencionamos a seguir alguns padrões sintomáticos nos transtornos obsessivo-compulsivos, segundo o *Compêndio de psiquiatria*:

Obsessão de contaminação – o paciente tem o pensamento de que alguma coisa o está contaminando. Surge a ideia compulsiva de lavar as mãos ou tomar banhos várias vezes durante o dia. É o ritual da limpeza para descontaminação.

M.S., à época com 50 anos, esposa de um advogado muito conceituado na cidade, ambos já falecidos, sofria de TOC. Tinha a sensação de estar suja, contaminada por micróbios, o que a levava a lavar as mãos inúmeras vezes, com sabonetes diversos e em seguida lavá-las com álcool. Sua compulsão aumentou de tal forma que julgando estar a casa contaminada passou a lavar as paredes e o chão com água, sabão e álcool, numa espécie de frenesi; depois, não aguentando mais fazer esse tipo de limpeza, passou a borrifar álcool puro diretamente nas paredes que se apresentavam muito manchadas (cheguei a visitá-la, em companhia de uma amiga, pois éramos vizinhas desta pessoa e pude constatar tudo isso). Suas mãos tinham a aparência de queimaduras e, posteriormente, passou a usar luvas e não mais quis tirá-las. Foi internada várias vezes. A família da enferma não chegou a pedir ajuda espírita, apenas o marido solicitou-nos preces em seu favor, o que prontamente atendemos.

M.G., 26 anos, solteira, universitária, sofria também do pavor de contaminação; seu medo estava relacionado com cemitério. Julgava que as pessoas que dela se aproximavam poderiam ter passado perto de algum cemitério e estar contaminada pelos cadáveres. Por isso isolou-se em um sítio admitindo apenas a presença de uma empregada. Tomava vários banhos por dia, que duravam duas horas cada. Não podia encostar em nada e acreditava que só alguns móveis e o seu quarto estavam limpos e nesses ninguém podia tocar. Não admitia que alguém encostasse nela, e quando seus pais e irmãos a visitavam cumprimentava-os de longe. Tinha frequentes pensamentos de que ela própria estava apodrecendo. Passou por duas internações. A família recorreu ao espiritismo e a segunda internação, por nossa sugestão, ocorreu em hospital psiquiátrico espírita, do qual saiu bem mais equilibrada, voltando ao convívio familiar. Foi constatado processo obsessivo grave e realizado o tratamento espiritual de desobsessão, com bons resultados, mas nem a paciente nem os familiares chegaram a frequentar a instituição, alegando ser de outra religião, o que, como é óbvio, respeitamos. Perdemos contato com o caso.

Obsessão de dúvida – caracteriza-se pela sensação de perigo ou violência. O paciente tem constante insegurança e necessita verificar várias vezes aquilo que julga perigoso. Por

perfeccionismo: tendência de persistir em fazer as coisas com perfeição

meticulosidade: qualidade, modos ou característica do que é meticuloso (minucioso, preso a detalhes)

reminiscência: imagem lembrada do passado; o que se conserva na memória

reunião de desobsessão: atividade realizada com o propósito específico de tratamento do processo obsessivo, em benefício do obsidiado e do obsessor

expiação: sofrimentos físicos e morais consequentes de falta cometida

exemplo: verificar várias vezes se desligou o fogão, o ferro elétrico, a tevê. Envolve perfeccionismo e meticulosidade; todos os objetos devem ficar sempre na mesma posição e lugar.

S.N., uma dona de casa de 42 anos, tinha medo de incêndio, de que a tevê e o botijão de gás explodissem, o que a obrigava a desligar tudo e verificar várias vezes; à noite perdia o sono com medo de incêndio, imaginava então como agiria para salvar-se, e esses pensamentos eram recorrentes. A pessoa pediu ajuda espiritual e constatou-se ser esse um caso de reminiscência traumática da reencarnação anterior, quando desencarnara em um incêndio, conforme esclarecimento do orientador espiritual da reunião de desobsessão. Ao ser informada do ocorrido, S.N. passou por uma mudança gradual, sentindo-se confiante e segura. Aos poucos desapareceram as ideias obsessivas.

Lentidão obsessiva – a compulsão consiste na execução muito lenta dos comportamentos cotidianos. Tais pacientes podem levar literalmente horas para fazer uma refeição ou barbear-se.

Transtorno obsessivo-compulsivo na visão espírita

A palavra esclarecedora sobre o tema é de Jorge Andréa:

Sabemos, e não mais constitui motivos de discussão, ser o nosso planeta lugar de expiação; por isso, necessárias ainda serão as dores nas diversas experiências, motivando equilíbrio em nossas atitudes pelo rejuvenescimento dos focos de energias psíquicas pretéritas. Daí, a necessidade do mecanismo evolutivo de expulsão das energias antigas encravadas no Espírito ou zona do inconsciente. Quando esses blocos de energias em escoamento atingem a zona consciente, podem mostrar-se de modo variado e quase sempre extravagante, porquanto se projetam, amiudadamente, sob forma de objetivações compulsivas. O indivíduo tem o impulso, seguindo-se a necessidade de realizar o ato dessas tendências.

Assim, registramos indivíduos que durante a vida têm imperiosa necessidade de realizar "certas obrigações". [...] A não realização dos diversos atos impostos cria estado de ansiedade e intensa intranquilidade. O mecanismo de realização representa, na conjuntura psicológica, drenagem de energias.[19]

Transtorno do pânico com agorafobia

Os sintomas característicos do transtorno do pânico são períodos espontâneos, episódicos e intensos de ansiedade, geralmente com duração de menos de uma hora. Os sintomas mentais principais são medo extremo e uma sensação de morte e destruição iminentes, mas o paciente não é capaz de indicar a fonte do seu medo. [CP]

Os sinais físicos frequentemente incluem taquicardia, sudorese, dispneia, dor ou desconforto no peito, ondas de calor ou calafrios, anestesia ou formigamento, náusea ou desconforto abdominal, vertigem e sensação de desmaio. O paciente pode sentir-se bastante confuso, não conseguir concentrar-se, apresentar dificuldade para falar e comprometimento da memória. Pode ainda experimentar depressão ou despersonalização durante o ataque de pânico. Esse dura de 20 a 30 minutos, em média.

O paciente com transtorno de pânico pode desenvolver agorafobia, o que o leva a recusar-se a sair à rua, fechando-se

---

19. Jorge Andréa dos Santos, *Lastro espiritual nos fatos científicos*.

agorafobia: medo mórbido de se achar sozinho em grandes espaços abertos ou de atravessar lugares públicos

iminente: que ameaça se concretizar, que está a ponto de acontecer; próximo

taquicardia: aceleração dos batimentos cardíacos, geralmente aplicado a taxas acima de cem batimentos por minuto

sudorese: secreção de suor; transpiração

dispneia: dificuldade de respirar caracterizada por respiração rápida e curta

náusea: desejo ou ânsia de vômito; enjoo

vertigem: sensação de movimento oscilatório ou giratório do próprio corpo ou do entorno com relação ao corpo; tonteira

amígdala: órgão anatômico em forma de amêndoa

hipotálamo: parte do diencéfalo situada na base do cérebro, onde se encontram numerosos centros do sistema nervoso simpático e parassimpático (reguladores do sono, do apetite, da temperatura corporal etc.)

sistema límbico: conjunto de estruturas do cérebro responsáveis principalmente pelas emoções e pela memória

ancestral: relativo ou próprio dos antepassados ou antecessores

neurotransmissor: responsável pela transmissão do impulso nervoso

dentro de casa. Via de regra, a agorafobia está associada ao pânico, pois o paciente passa a evitar sair da segurança do seu lar, com medo de um ataque. Alguns conseguem sair de casa desde que em companhia de outra pessoa.

Pesquisas recentes indicam que o transtorno do pânico e da agorafobia podem ser tão incapacitantes para os pacientes quanto os transtornos do humor. Os sintomas depressivos quase sempre estão presentes. Um outro tormento afeta os que têm pânico, que é o medo de ter um novo ataque.

Reportagem da revista *Veja*, de 21 de fevereiro de 2001, à página 109, traz minuciosas informações a respeito. Vejamos alguns trechos:

Hoje se sabe que as amígdalas, estruturas cerebrais localizadas na região das têmporas, têm a função de identificar situações de perigo e enviar ao hipotálamo, local de controle do metabolismo, o sinal para que certas reações sejam deflagradas. As amígdalas reconhecem uma ameaça porque são alimentadas pelo sistema límbico, a parte mais primitiva do cérebro, que constitui uma espécie de banco de memória do medo. É no sistema límbico que estão armazenadas as informações que remetem a temores ancestrais, como os de animais ferozes, fogo ou escuridão. Além disso, o sistema límbico registra dados que se referem a experiências em que o medo foi adquirido por aprendizado ou por trauma. De acordo com pesquisas recentes, os fóbicos apresentaram uma hiperatividade nessa região.

Há evidências de que o sistema límbico seja regulado por duas substâncias neurotransmissoras, a serotonina e a noradrenalina que se relacionam ao humor e às sensações de prazer e bem-estar.

O pânico na visão espírita

Outros aspectos desse transtorno são esclarecidos pela mentora Joanna de Ângelis:

Há, entretanto, síndromes de *distúrbio de pânico* que fogem ao esquema convencional. Aquelas que têm um componente paranormal, como decorrência de ações espirituais em processos lamentáveis de obsessão.

Agindo psiquicamente sobre a mente da vítima, o ser espiritual estabelece um intercâmbio parasitário, transmitindo-lhe telepaticamente clichês de aterradoras imagens que se vão fixando, até se tornarem cenas vivas, ameaçadoras, encontrando ressonância no inconsciente profundo, onde estão armazenadas as experiências reencarnatórias, que desencadeadas emergem produzindo confusão mental até o momento em que o pânico irrompe incontrolável, generalizado. Dá-se, nesse momento, a *incorporação* do invasor do domicílio mental, que passa a controlar a conduta da vítima, que se lhe submete à indução cruel.

As terapias de libertação têm a ver com a transformação moral do paciente, a orientação ao agente e a utilização dos recursos da meditação, da oração, da ação dignificadora e beneficente.

Quando a ingerência psíquica do agressor se faz prolongada, somatizam-se distúrbios fisiológicos que eliminam noradrenalina no sistema nervoso central do enfermo, requerendo, concomitantemente, a terapia específica, já referida.[20]

---

20. Divaldo Franco, Joanna de Ângelis (Espírito), *Autodescobrimento*.

---

paranormal: que não faz parte dos fenômenos ou experiências normais

parasitário: relativo a ou característico de parasita (aquele que vive às custas da vítima)

telepático: relativo à telepatia (comunicação direta e a distância entre duas mentes)

clichê: repetição com frequência

ressonância: efeito de amplificação do conteúdo emitido (sinal, frequência, ideia, pensamento), alcançado quando há sintonia (similaridade) desse conteúdo no receptor

somatizar: transformar (conflitos psíquicos) em problema orgânico

sistema nervoso central: conjunto do encéfalo e da medula espinhal

L.V., jovem de 16 anos, apresentou-se com os pais, bastante deprimido, chorando muito. Informou-nos a mãe que o rapaz sempre fora muito estudioso, levava vida normal, praticava esporte, tinha bom relacionamento com a família. Ao trocar de escola contra a sua vontade, logo no primeiro dia, em meio à aula, L.V. sentiu repentinamente uma sensação terrível de medo, angústia, e uma aflição como se fosse desmaiar, tendo que se retirar apressadamente da sala. A partir desse dia, embora tentasse, não conseguiu ir às aulas. A crise repetia-se, e L.V., sem saber o que estava acontecendo, passou a ter medo de sair de casa, até mesmo com os colegas antigos, fechando-se no quarto, tendo crises de choro, insegurança e profundo abatimento. Pessoas amigas aconselharam que o levassem a um centro espírita, o que não seria difícil já que estavam sempre indo a um ou outro para assistir a palestras. Sabendo que estavam cogitando de procurar um tratamento psiquiátrico, procuramos evidenciar a necessidade dessa providência, que seria associada ao tratamento espiritual que estavam buscando. Assim foi feito. Veio o diagnóstico de transtorno

agorafobia: medo mórbido de se achar sozinho em grandes espaços abertos ou de atravessar lugares públicos

de pânico com agorafobia e L.V. passou a tratar-se e em breve os resultados começaram a surgir. Observou-se na reunião de desobsessão a presença de entidade perseguidora, visando especialmente a atingir ao pai, mas com assédios ao filho para desestruturar a família, inclusive jogando este contra aquele. O perseguidor foi encaminhado e o jovem retornou em seis meses ao seu estado normal. A família integrou-se na casa espírita. L.V. prosseguiu nos estudos e passados três anos prestou vestibular com êxito. Caso ocorrido em 1990.

Transtorno de estresse pós-traumático

O que caracteriza o transtorno de estresse pós-traumático é a reexperiência do trauma através de sonhos e pensamentos em vigília, torpor emocional para outras experiências e relacionamentos de vida e sintomas de instabilidade, depressão e dificuldades cognitivas, podendo chegar a estados dissociativos e ataques de pânico. Muitos recorrem ao álcool e às drogas.

Esse transtorno desenvolve-se em pessoas que experimentaram estresse físico ou emocional de uma magnitude tal que seria extremamente traumático para qualquer pessoa. Exemplos desses traumas: experiências de combate, catástrofes naturais, agressões, estupro e acidentes graves (acidentes automobilísticos, de avião, incêndios).

O tempo do aparecimento do transtorno após o trauma varia de acordo com a pessoa e a gravidade, extensão e o valor que é dado ao evento traumático. Pode surgir depois de alguns meses ou de muitos anos.

O transtorno do estresse pós-traumático ocorre em 0,5% dos homens e 1,2% das mulheres; as crianças também podem desenvolver o distúrbio.

Etiologia – a probabilidade desse transtorno em pessoas após um desastre ou trauma está correlacionada à gravidade do estressor. Quanto mais grave o estressor, mais pessoas têm a síndrome e mais grave é o transtorno.

De maneira geral, as pessoas na meia-idade apresentam melhores condições para suportar e superar a ocorrência traumática do que os jovens ou idosos.

---

estresse: esgotamento físico ou emocional como reação do organismo a agentes de natureza diversa (trauma, doença, emoção, cansaço, tensão etc.) que alteram o estado de equilíbrio do corpo e aumentam a produção de adrenalina

torpor: indiferença ou apatia moral

cognitivo: relativo ao conhecimento, à cognição

distúrbio: mau funcionamento de (órgão, função orgânica etc.)

estressor: que ou o que provoca ou conduz ao estresse

síndrome: conjunto de sinais ou de características que, em associação com uma condição crítica, são passíveis de despertar insegurança e medo

Relacionamos algumas características desse transtorno:

> sentimentos de culpa, rejeição e humilhação;
> prejuízos de memória e atenção;
> estados dissociativos;
> depressão;
> ataques de pânico;
> ilusões e alucinações;
> agressividade;
> fraco controle dos impulsos;
> dificuldade em conciliar ou manter o sono;
> esforços para evitar pensamentos ou situações que relembrem o trauma;
> sensação de que não haverá futuro, por exemplo, não ter esperança de seguir uma carreira, casar-se, ter filhos ou uma vida longa;
> dificuldades afetivas, incapacidade de experimentar sentimentos amorosos. [CP]

alucinação: perturbação mental que se caracteriza pelo aparecimento de sensações (visuais, auditivas etc.) atribuídas a causas objetivas que, na realidade, inexistem

Pessoas que são vítimas de atos violentos apresentam uma carga traumática maior do que as que sofrem catástrofes naturais, como terremotos ou enchentes, porque passam a sentir-se como alvo de uma maldade. Segundo Daniel Goleman,

isso destrói todo um sistema de confiança no ser humano e nas pessoas com que se relacionam, crenças que as catástrofes naturais deixam intactas. De uma hora para outra, o mundo em que vivemos torna-se um lugar perigoso, onde o outro é visto como uma ameaça em potencial à nossa segurança.

As crueldades perpetradas pelo homem gravam na memória de suas vítimas uma predisposição para um medo em relação a qualquer coisa que evoque, ainda que vagamente, a agressão sofrida.

perpetrar: cometer, praticar

Esclarecendo como se processam as lembranças traumáticas que as vítimas de violência ou de outras ocorrências trágicas apresentam, Goleman esclarece:

Esses momentos vívidos, aterrorizantes, dizem hoje os neurocientistas, tornam-se lembranças impressas nos circuitos emocionais. Os sintomas são, na verdade, sinais de uma amígdala cortical superestimulada impelindo as vívidas lembranças do momento traumático a continuar invadindo a consciência. Como tal, as lembranças traumáticas tornam-se gatilhos sensíveis, prontos para soar o alarme ao menor sinal de que o momento temido está para acontecer mais uma vez. Esse fenômeno do gatilho sensível é uma marca característica de todos os tipos de trauma emocional, incluindo os repetidos maus tratos físicos na infância.

amígdala cortical: integra o sistema límbico e é importante para o registro dos conteúdos emocionais

Qualquer fato traumatizante pode gravar essas lembranças disparadoras na amígdala cortical: um incêndio ou acidente de carro, uma catástrofe natural como um terremoto ou furacão, estupro ou assalto. Milhares de pessoas todo ano vivem esse tipo de tragédia e muitas ou a maioria fica com uma espécie de ferida emocional marcada no cérebro.

Atualmente os terapeutas procuram reviver com os pacientes de estresse pós-traumático o momento trágico, pois

propiciar: proporcionar as condições para a realização de (algo)

o fato de narrá-lo com detalhes propicia um reaprendizado emocional,

isso começa a transmitir uma lição reveladora aos circuitos emocionais – de que se pode sentir segurança, e não implacável terror, juntamente com as lembranças do trauma.[21]

Judith Lewis Herman, psiquiatra de Harvard, tem um trabalho pioneiro para a recuperação de um trauma. Ela constatou que os

pacientes precisam lamentar a perda trazida pelo trauma – seja um ferimento, a morte de um ente querido ou o rompimento de uma relação, o arrependimento por não ter feito alguma coisa para salvar alguém, ou apenas a perda da confiança nas pessoas.

Conforme Herman,

o lamento que se segue ao contar esses fatos dolorosos serve a um fim crucial: assinala a capacidade de livrar-se em certa medida do trauma. Isso quer dizer que em vez de ficar perpetuamente preso naquele momento do passado, os pacientes podem começar a olhar para a frente, até mesmo a ter esperança, e reconstruir uma nova vida, livres das garras do trauma. É como se o constante reciclar e reviver do terror do trauma pelos circuitos emocionais fosse um sortilégio que pôde ser finalmente quebrado. Cada sirene não precisa trazer um dilúvio de medo; cada som na noite não precisa impor um *flashback* de terror.[22]

sortilégio: ato de magia; feitiço

flashback: ato ou efeito de trazer à memória pensamento, imagem, sensação do passado; lembrança, recordação

---

21. Daniel Goleman, *Inteligência emocional*.
22. Idem, ibidem.

Há ainda um outro tipo de situação vivenciada por aquele que sobrevive a um acidente onde houve vítimas fatais. O que se observa é que os parentes das vítimas como que passam a culpar o sobrevivente pelo fato de ter se salvado. Seria como se ele não tivesse o direito de sobreviver, já que seus entes queridos morreram. Esta é uma situação muito difícil de ser trabalhada pelo sobrevivente.

L.G., uma jovem de 23 anos, universitária, sofreu gravíssimo acidente de carro, tendo sofrido várias fraturas, inclusive fratura da coluna cervical. Ela contou-nos, quando no hospital, que no momento do acidente não sentiu dor. Viu ao seu lado um Espírito amigo (o que achou muito natural, por ser espírita) que orientava o que deveria ser feito, inclusive que ela não deveria mover-se. Ao ser socorrida informou isso aos que foram resgatá-la. Foi o que salvou sua vida. Longa foi a sua recuperação, mas aos poucos venceu o doloroso período. Quase três anos depois, ela conseguiu retornar às aulas na faculdade de arquitetura. Os meses foram passando. Certo dia, ao preparar-se para ir à faculdade, um medo terrível começou a invadir-lhe o ser. Sair à rua pareceu-lhe uma ameaça insuportável. Outros sintomas aconteceram: taquicardia, pernas trêmulas, sudorese, falta de ar, sensação de que estava morrendo. A partir desse dia passou a ter ataques de pânico, sentindo até mesmo que nesses momentos saía do corpo (transtorno de despersonalização). Recorreu a médicos e psicólogos e simultaneamente ao tratamento espiritual, pois toda a sua família frequentava a nossa instituição espírita. L.G. estava sofrendo o transtorno de estresse pós-traumático. Durante dois anos submeteu-se ao tratamento médico e espiritual. Caso ocorrido em 1991. L.G. conseguiu, com muita força de vontade e muita fé no amparo da espiritualidade

> **taquicardia:** aceleração dos batimentos cardíacos, geralmente aplicado a taxas acima de cem batimentos por minuto

> **sudorese:** secreção de suor; transpiração

maior, terminar o curso de arquitetura. A família mudou-se para o Rio de Janeiro. Soubemos que ela passou a trabalhar numa firma, ao lado de outros arquitetos.

Neste caso, não havia presença de Espíritos malévolos. O conhecimento da doutrina espírita foi fator preponderante para a recuperação de L.G. Durante o período de seu tratamento do transtorno, tivemos longas conversas, também com os familiares, todos nós envolvidos no mesmo propósito de apoiá-la, colaborando para o seu reequilíbrio.

A complexidade da vida moderna, a competitividade, as pressões, os desafios impostos aos indivíduos, as frequentes e rápidas mudanças, a perda dos valores familiares e religiosos e os conflitos daí resultantes geram constantes estados de ansiedade, que nem sempre são resolvidos ou administrados positivamente.

Transtornos dissociativos

súbito: repentino, inesperado

transe: estado alterado de consciência em que podem ocorrer diversos eventos neurofisiológicos; nessa condição, o indivíduo pode sintonizar-se com algo transcendente

hipnotismo: conjunto de técnicas que permitem provocar, através de mecanismos de sugestão, um estado alterado de consciência

mediunidade: faculdade natural do ser humano, que propicia o intercâmbio entre os planos espiritual e material

histeria: neurose que se exprime por manifestações de ordem corporal, sem que haja qualquer problema orgânico funcional

O SINTOMA CARACTERÍSTICO DESSES TRANSTORNOS É uma alteração súbita e geralmente temporária nas funções normalmente integradas da consciência, identidade e comportamento motor, de modo que uma ou duas dessas funções deixam de ocorrer em harmonia com as outras. [CP]

Para entendermos melhor o que é a dissociação recorremos às excelentes explicações de Jayme Cerviño, quando analisa o transe, o hipnotismo, a mediunidade e a histeria, cuja característica comum é a dissociação.

Entendemos por dissociação ou automatismo o fato de uma área mais ou menos extensa do cérebro agir desvinculada da consciência "normal". Nos casos mais elementares – diremos automatismo parcial ou segmentar – apenas certos grupos de neurônios (células nervosas) adquirem independência e pode não haver alteração ostensiva do estado de consciência [...]

No automatismo global modifica-se a totalidade do comportamento, uma personalidade diversa parece, por vezes, dominar o cérebro e reduz a consciência normal a sistema secundário. A dissociação que, em termos fisiológicos, poderia ser explicada pela desconexão sináptica dos neurônios ou pelos mecanismos da inibição e excitação, em linguagem psicológica significa a existência de processos mentais subconscientes que

capítulo 3

eventualmente podem emergir e mesmo se sobrepor à consciência propriamente dita.[23]

Cerviño cita a histeria como dissociação mórbida do psiquismo.

Infere-se, portanto, que a dissociação pode ser hígida, como no hipnotismo e no transe mediúnico, e patológica, como na histeria e, no caso em pauta, nos transtornos dissociativos.

Citaremos apenas dois desses transtornos, segundo a classificação do DSM-IV: o transtorno de despersonalização e o transtorno de personalidade múltipla, este atualmente denominado transtorno de identidade.

Transtorno de despersonalização

O transtorno de despersonalização caracteriza-se como uma alteração persistente e recorrente na percepção de si mesmo, a um grau em que o senso da própria realidade é temporariamente perdido. Os pacientes podem sentir-se mecânicos, que estão em um sonho, ou distanciados do próprio corpo.

---

23. Jayme Cerviño, *Além do inconsciente*.

sináptico: relativo à sinapse (local de contato entre neurônios, onde ocorre a transmissão de impulsos nervosos)

mórbido: que origina, que causa doença

hígido: que goza de perfeita saúde; sadio, são

transe mediúnico: estado alterado de consciência em que o ser sintoniza-se com um outro indivíduo ou alcança a percepção da realidade espiritual

patológico: referente à patologia (qualquer desvio anatômico e/ou fisiológico, em relação à normalidade, que constitua uma doença ou caracterize determinada doença)

etiologia: estudo das causas das doenças

sistêmico: que envolve o organismo como um todo ou em grande parte

epilepsia: afecção que se manifesta por crises de perda da consciência, acompanhadas de convulsões, que surgem em intervalos irregulares de tempo

estresse: esgotamento físico ou emocional como reação do organismo a agentes de natureza diversa (trauma, doença, emoção, cansaço, tensão etc.) que alteram o estado de equilíbrio do corpo e aumentam a produção de adrenalina

atenuar: tornar menos intenso; reduzir, abrandar, amenizar

É considerado, quando for uma experiência ocasional isolada na vida de qualquer pessoa, como um fenômeno comum e não necessariamente patológico. Assim, ligeira despersonalização, sem prejuízo funcional, ocorre em algum momento, em grande proporção de adultos e jovens e não indica, em si mesma, um diagnóstico de transtorno mental.

Na grande maioria dos pacientes, os sintomas aparecem repentinamente, apenas alguns poucos relatam um início gradual. O transtorno começa mais frequentemente entre as idades de 15 e 30 anos, mas tem sido visto em pacientes com menos de 10 anos.

Etiologia – o transtorno de despersonalização pode ser causado por doença psicológica, neurológica ou sistêmica. Pode estar associado a epilepsia, tumor cerebral, uso de drogas. Ansiedade e depressão são fatores predisponentes, também estresse severo (pós-traumas, acidentes).

Características – há uma sensação de alteração no próprio corpo. Os pacientes acham que suas extremidades estão maiores ou menores que o normal. Pode haver o fenômeno de duplicação; o paciente sente que o ponto de consciência do seu eu está fora do corpo, frequentemente alguns passos adiante, de onde pode observar a si mesmo. Às vezes o paciente acredita estar em dois locais diferentes ao mesmo tempo. [CP]

J.M., rapaz de 25 anos, solicitou-nos o atendimento e relatou-nos que sofria de ansiedade, medo, insegurança. Fazia uso de vários medicamentos que atenuavam um pouco os sintomas. Ele dizia que sem os tais remédios seu sofrimento seria insuportável, culminando com depressão e, às vezes, ideia de suicídio. Citou também que em certos dias, por alguns momentos, se sentia muito estranho, como se não fosse ele próprio, parecia estar fora do corpo, como num sonho, e notava que tudo à sua volta estava como que "borrado" (expressão que usou), desfocado, diferente. Isto o fazia sentir-se muito infeliz. Tal sensação, porém, para seu alívio, durava pouco tempo, não ultrapassando 10 a 15 minutos. Depois cessava a desagradável impressão. J.M. informou ser espírita há algum tempo, frequentava outra instituição espírita, mas desejava fazer o tratamento espiritual em nossa casa. Participou por alguns meses das reuniões específicas e obteve extraordinária melhora.

Desapareceram o medo, a insegurança, a despersonalização e a depressão. O estado de ansiedade arrefeceu bastante, possibilitando-lhe a retomada da profissão. Nós o aconselhamos a prosseguir o tratamento com passes na instituição que frequentava, visto localizar-se no mesmo bairro onde residia. Seus problemas estavam relacionados com sentimento de culpa, ausência de autoestima e trauma de infância. Caso ocorrido em 1996.

> **arrefecer:** ficar mais brando, mais fraco
>
> **passe:** ato de impor as mãos sobre alguém com o objetivo de transmitir-lhe fluidos benéficos

Transtorno de despersonalização na visão espírita

Em nosso livro *Mediunidade: caminho para ser feliz*, relatamos cinco tipos de situações que são muito frequentes em grande número de pessoas, e duas delas têm correlação com a despersonalização.

É importante constatar, porém, que a medicina admite que a alteração na percepção de si mesmo, a perda momentânea do senso da própria realidade, o sentir-se mecânico ou como num sonho ou até mesmo distanciado do próprio corpo pode ser visto como ligeira despersonalização, não necessariamente de cunho patológico. E ainda mais, que isso ocorre com grande número de adultos e jovens.

Pode-se deduzir, portanto, que o transtorno propriamente dito caracteriza-se por episódios recorrentes e associados ou em consequência de outras patologias.

Consideremos agora as duas situações mencionadas no nosso livro, ressaltando logo de imediato que tais experiências são anímicas. Só seriam mediúnicas se fossem provocadas por aproximação de entidades espirituais.

patologia: qualquer desvio anatômico e/ou fisiológico, em relação à normalidade, que constitua uma doença ou caracterize determinada doença

anímico: relativo à própria alma do indivíduo

1. A pessoa sente que está saindo do corpo, mesmo estando acordada e realizando tarefas habituais. Sente-se diferente do seu estado normal, como se não fosse ela própria, como se estivesse em outra realidade.

2. A pessoa tem a sensação de que está crescendo, como se de repente a sua cabeça encostasse no teto, embora se sinta com os pés no chão ou deitado em seu leito, ou ainda que sua mão ou seu braço aumentam de tamanho. É uma sensação às vezes passageira, podendo ocorrer quando a pessoa faz uma prece, quando está prestes a adormecer etc.

Explicação – o que ocorre é uma expansão do perispírito, que é o corpo fluídico do Espírito.

Esse processo é como que um deslocamento do perispírito, uma momentânea e parcial desvinculação com o corpo físico, e é denominado desdobramento.

Nas situações enfocadas há apenas um princípio de desdobramento e o indivíduo tem consciência de que algo diferente está acontecendo. Podem surgir algumas alterações, pois com a expansibilidade do perispírito a pessoa capta um pouco da outra dimensão, ou seja, penetra na realidade do mundo espiritual, mas sem perder o contato com o próprio corpo e com o plano físico.

Os conhecimentos espíritas possibilitam o controle dessas situações, a partir de um treinamento mental que abordamos no livro citado e que recomendamos aos caros leitores.

Nos episódios dissociativos de caráter mediúnico ocorre o que se denomina de transe.

caráter: qualidade peculiar; especificidade, cunho

Para termos uma ideia mais precisa de como isso ocorre, recorremos a Gustavo Geley, quando explica o que é o médium:

O médium é um ser cujos elementos constitutivos (mentais, dinâmicos, materiais) são suscetíveis de descentralização momentânea.[24]

médium: indivíduo que atua como intermediário entre os planos espiritual e material

Essa definição de Geley sempre me pareceu muito interessante e lógica. Foi em 1962 que adquiri o seu livro, desde então adotei-a por achá-la bastante precisa, remetendo à ideia de expansão do perispírito. Bem mais tarde, no início dos anos 1980, vim a conhecer o livro de Jayme Cerviño, *Além do inconsciente*, encontrando ali a citação do trecho de Geley, acompanhado de ensinamentos muito profundos sobre o assunto.

suscetível: que envolve possibilidade de certa coisa ou de certa qualidade

Cerviño elucida que

elucidar: esclarecer, explicar

a tendência instintiva para o transe, a capacidade de dissociação (descentralização), é, portanto, o traço marcante da mediunidade.

---

24. Gustavo Geley, *Resumo da doutrina espírita*.

Observemos o que diz ao se desdobrar a frase de Gustavo Geley:

psicologia: ciência que trata dos estados e processos mentais, do comportamento do ser humano e de suas interações com um ambiente físico e social

O conceito de dissociação – atividade do inconsciente ou atividade dissociada da consciência – adquire, desse modo, uma inesperada extensão, jamais prevista pela psicologia clássica. Há uma dissociação psíquica, dinâmica e material. Sobre a primeira fizemos breve referência.[25] A descentralização dos "elementos dinâmicos" pressupõe a "exteriorização" de uma forma singularíssima de energia – não física – capaz, no entanto, de produzir fenômenos de ordem física (psicocinesia).[26] A liberação de elementos materiais – a ectoplasmia de Richet – não mereceu, ainda, o beneplácito dos parapsicólogos atuais.

ectoplasmia: materialização por meio do ectoplasma (substância fluídica, de aparência diáfana, sutil, que flui do corpo do médium)

O transe pode ser superficial e profundo. Para exemplificar como isso ocorre na prática, recomendamos a leitura dos capítulos 6 e 8 do livro de André Luiz, *Nos domínios da mediunidade.*

beneplácito: consentimento, abonação, concordância

Transtorno de personalidade múltipla

Segundo o DSM-IV, este é um transtorno dissociativo de identidade. Aqui optamos por manter a denominação acima, tendo em vista a abordagem que apresentamos a seguir.

---

25. Refere-se à existência de processos mentais subconscientes, conforme nossa primeira citação deste capítulo.
26. Telecinesia, psicocinesia, fenômenos psicocinéticos – são fenômenos de efeitos físicos, com movimentação de objetos e outros fenômenos como ruídos, luzes etc.

As pessoas com transtorno de personalidade múltipla têm duas ou mais personalidades distintas e separadas, cada uma das quais determina seu comportamento e atitudes durante o período em que for a personalidade dominante. Relatos recentes sugerem que esse transtorno não é tão raro quanto se pensava anteriormente. É mais comum na adolescência tardia e início da idade adulta, sendo muito mais frequente em mulheres do que em homens.

Etiologia – acredita-se que grave abuso sexual, físico ou psicológico na infância predispõe a essa condição. Em alguns estudos, uma história de abuso sexual foi relatada em 70% a 90% dos pacientes. A epilepsia foi encontrada em 25% dos casos, em outro estudo. Também foram constatadas diferenças notáveis na atividade EEG (eletroencefalograma) e na sensibilidade à dor entre as diferentes personalidades dentro de uma única pessoa. [CP]

Características – pensa-se com frequência que os pacientes com o transtorno dissociativo têm, provavelmente, um transtorno de personalidade ou esquizofrenia.

A transição de uma personalidade para outra é súbita, frequentemente dramática. Durante cada estado de personalidade, em geral há desconhecimento para a existência das outras personalidades ou amnésia para fatos que ocorreram quando outra personalidade era dominante. Algumas vezes, entretanto, um estado de personalidade não é atingido por essa amnésia e retém completa consciência da existência, qualidades e atividades das demais personalidades. Em alguns casos, as personalidades têm consciência de algumas ou de todas as demais, podendo encará-las como amigas ou adversárias.

---

epilepsia: afecção que se manifesta por crises de perda da consciência, acompanhadas de convulsões, que surgem em intervalos irregulares de tempo

eletroencefalograma: exame que registra as variações do potencial elétrico do cérebro nos animais e no homem

esquizofrenia: termo geral que designa um conjunto de transtornos mentais com sintomas típicos, incluindo alucinações, enganos, desordem de pensamentos e ausência de respostas emotivas, aliadas a fatores genéticos e tensões ambientais

amnésia: perda parcial ou total da memória

Nos casos clássicos registrados na literatura tais como *As três faces de Eva* e *Sybill*, cada personalidade dispõe de um conjunto totalmente integrado e altamente complexo de memórias associadas com atitudes, relacionamentos pessoais e padrões de comportamento característicos. Muito frequentemente as personalidades têm o seu próprio nome e podem ser de sexo oposto, de raças e idades diferentes. Na mesma pessoa, uma das personalidades pode ser muito extrovertida, até sexualmente promíscua, enquanto outras podem ser introvertidas, recatadas e sexualmente inibidas.

> **promíscuo:** que mantém relações sexuais com inúmeros parceiros

As diferentes personalidades podem ter características fisiológicas diferentes, como, por exemplo, diferentes receitas para óculos. Podem ter perturbações distintas, das quais as mais comuns são transtornos de humor, de personalidade e outros transtornos dissociativos. Também pode ocorrer que tenham Q.I.s diferentes. [CP]

Personalidade múltipla na visão espírita

O tema mereceu do escritor e pesquisador espírita Hermínio Miranda um estudo aprofundado, que resultou na excelente obra *Condomínio espiritual*, na qual aborda o transtorno que estamos enfocando, com narrativas detalhadas de vários casos de personalidade múltipla.

Em seu prefácio, Hermínio explica os motivos que o levaram a escrever sobre esse tema tão fascinante e, ao mesmo tempo, pouco abordado. Esclarece seu ponto de vista sobre a realidade espiritual, o que possibilita ao leitor, logo de imediato, ter uma percepção da abordagem que virá nas páginas seguintes.

Menciona que

Cada leitor terá, evidentemente, sua visão pessoal dos problemas apresentados em livros como este, seja vendo demônios possessores, onde a clínica psiquiátrica identifica fragmentos cindidos da mente originária, seja considerando tais manifestações como alucinações ou fantasias, alienação ou desarranjo mental, ou, como eu, aplicando aos fatos parâmetros de natureza espiritual. Acho que não devemos temer as palavras, nem nos deixar intimidar pelo receio de assumir posições nítidas em relação às nossas convicções. Convicções, repito, não crenças dogmáticas desapoiadas pelos fatos, por mais respeitáveis que sejam. Respeito todos merecem, mesmo na discordância ou rejeição que possamos ter quanto a este ou àquele ponto, e até mesmo quanto a todo o cenário montado.[27]

Quase vinte anos antes, Hermínio enfocara o tema da personalidade múltipla em artigo publicado originalmente na revista *Reformador* e posteriormente inserido no livro *Sobrevivência e comunicabilidade dos Espíritos*, intitulado "Sybill – o drama da possessão". Ele tomou como base o livro de Flora Rheta Schreiber, *Sybill*, editado em Chicago, EUA, em 1973.

A seguir apresentamos alguns trechos dessa notável dissertação de Hermínio sobre o referido livro e seus comentários.

A dramática e dolorosa história de Sybill assinala que desde criança sofrera "ausências". Sua infância foi sobrecarregada de angústias, traumas, punições e ausência de afeto. Sempre foi muito inteligente, com elevado Q.I. de 170. Sua mãe era extremamente dominadora e desequilibrada e o pai apático. A menina não apenas presenciou cenas terríveis,

---

27. Hermínio C. Miranda, *Condomínio espiritual*.

---

cindir: afastar, separar

alucinação: perturbação mental que se caracteriza pelo aparecimento de sensações (visuais, auditivas etc.) atribuídas a causas objetivas que, na realidade, inexistem

alienação mental: loucura, perda da razão em virtude de perturbações psíquicas que tornam uma pessoa inapta para a vida social

dogmático: relativo a dogma (ponto fundamental de uma doutrina, apresentado como certo e indiscutível)

Reformador: periódico mensal publicado pela Federação Espírita Brasileira – FEB; lançado em 1883, é uma das mais antigas publicações em circulação no Brasil

como também as sofreu na própria carne, com tal teor de perversidade que Hermínio julgou-as irreproduzíveis.

Nos períodos de "ausências", dezesseis personalidades distintas se apossavam alternadamente de seu corpo, cada uma com suas bem definidas características.

Uma dizia chamar-se Victoria Antoinette Scharleau, apelidada Vicky. Era culta, muito segura de si, sofisticada e descrevia-se como loura e atraente. E também Márcia Lynn Dorsett, que tinha um sotaque diferente, ou Vanessa, dramática e atraente, ou ainda Mike Dorsett e Sid Dorsett que formavam a dupla masculina de personalidade e que diziam ser carpinteiros. Havia também Peggy Lou Baldwin e Peggy Ann, e Mary, Helen Dorsett, Clara Dorsett, esta muito religiosa, havia Nancy Baldwin, que apresentava interesses políticos e Ruthie.

O tratamento médico iniciado em 1954 durou onze anos e 2 354 sessões com a Dra. Cornélia Wilbur.

Sybill queixava-se de suas constantes e estranhas ausências durante as quais perdia completamente a memória. Vivia um estado mental confuso. Encontrava pessoas que diziam conhecê-la sob circunstâncias que ignorava; roupas e objetos apareciam em seu armário e que não eram do seu gosto; gastava dinheiro sem saber onde, como e em quê; encontrava quadros que ela começara a pintar e que se apresentavam concluídos num estilo que não era o seu. Dormir era terrível, pois acordava sem ter realmente dormido ou adormecia para acordar não na manhã seguinte, como toda gente, mas em horas estranhas e locais irreconhecíveis.

Outros fenômenos também aconteciam com Sybill, às vezes sentia-se como que destacada de seu corpo, como se flutuasse; parecia também que de vez em quando caminhava ao lado de si mesma e não sabia distinguir se era sonho ou realidade.

Na escola, Sybill descobriu que durante dois anos não comparecera às aulas, no entanto alguém que respondia por ela fizera os deveres e as provas, mas ela não se lembrava de nada. Com o tempo conseguiu-se um "arranjo" satisfatório. Sybill cuidava de umas tantas matérias, mas Peggy Lou respondia pela matemática e Vicky pela história. Por outro lado, as várias personalidades acabaram por assumir umas tantas tarefas na vida de Sybill: Mary se incumbia dos afazeres domésticos, fazia bolos e biscoitos; as duas Peggy se divertiam; Vicky tinha amigos sofisticados; Sid e Mike se encarregavam da manutenção eletromecânica do apartamento e assim por diante. Mas Sybill não estava feliz.

À medida que foi informada pela Dra. Wilbur do que acontecia dentro dela, da presença dessas personalidades distintas, começou a sentir crescer em si o pânico e desesperou-se. As personalidades invadiram a sua vida. Certa vez tentou suicidar-se. Vicky avisou à doutora que Sybill ia jogar-se no rio Hudson, mas "eu não deixei" – disse.

Hermínio procura ressaltar os aspectos que dizem respeito à fenomenologia mediúnica. Em certo momento, por exemplo, em que a personalidade (Espírito) que se denominava Vicky estava no comando da situação, esta disse à doutora:

— [...] ela [Sybill] não está sozinha no seu próprio corpo.

Diante dessa afirmativa, a médica respondeu:

— Acho que ela se sentirá mais segura se souber que ela continua a atuar mesmo sem o saber.

E Vicky, algo irônica, retrucou:

— *Ela*, doutora? O pronome não deveria ser nós? Somos gente, você sabe. Gente mesmo.

Nas entrevistas com a Dra. Wilbur, elas estavam presentes, dando-lhe ensejo de conversar com cada uma das personalidades que dominavam Sybill. Até mesmo passeios a doutora realizou com elas, ou seja, quando uma ou outra das personalidades, diremos Espíritos, estava presente, tomando emprestado o corpo físico da moça.

O corpo físico de Sybill era, a essa altura, um verdadeiro condomínio espiritual, utilizado por 16 Espíritos diferentes que se alternavam na sua posse, cada um passando a ter o comando quando era a personalidade dominante – segundo o pensamento da médica. Esta manteve este conceito durante todo o prolongado tratamento, procurando "doutrinar" cada personalidade e tentando fundi-las em uma só.

Com o tempo as personalidades começaram a dar sinais de que uma ou outra queria ter a posse definitiva do corpo de Sybill. Isto, como é lógico, agravou o drama. A médica resolveu então experimentar a hipnose. Foi o começo da cura para a sofrida Sybill.

O caso reveste-se de características fascinantes, mas paramos por aqui nos detalhes que envolvem a vida de Sybill.

Diz Hermínio:

É inevitável para o leitor espírita a identificação do fenômeno com a possessão. Como ensina o espiritismo, "Na obsessão, o Espírito atua exteriormente com a ajuda do seu perispírito, que ele identifica com o do encarnado, ficando este afinal enlaçado por uma como teia e constrangido a proceder contra a sua

> **hipnose:** estado alterado de consciência, semelhante ao sono, gerado por um processo de indução, no qual o indivíduo fica muito suscetível à sugestão do hipnotizador

> **obsessão:** ação mental persistente e maléfica que um indivíduo exerce sobre outro

> **perispírito:** corpo espiritual; envoltório semimaterial do Espírito

vontade. Na possessão, em vez de agir exteriormente, o Espírito atuante se substitui, por assim dizer, ao Espírito encarnado; toma-lhe o corpo para domicílio, sem que este, no entanto, seja abandonado pelo seu dono, pois que isso só se pode dar pela morte. A possessão, conseguintemente, é sempre temporária e intermitente, porque um Espírito desencarnado não pode tomar definitivamente o lugar de um encarnado, pela razão de que a união molecular do perispírito e do corpo só se pode operar no momento da concepção. De posse momentânea do corpo do encarnado, o Espírito se serve dele como se seu próprio fora: fala pela sua boca, vê pelos seus olhos, opera com seus braços, conforme o faria se estivesse vivo." [trecho presente em *A gênese*, capítulo 14, item 47]

Passemos agora às nossas próprias considerações.

O transtorno de personalidade múltipla pertence ao grupo dos transtornos dissociativos. Para não repetirmos aqui o significado de dissociação na ótica espírita, convidamos o leitor a rever o capítulo anterior.

A capacidade de desdobramento é constante em Sybill e ela mesma relata que às vezes sentia-se como que flutuando e, em outras, como se estivesse caminhando ao lado de si mesma, o que denota a descentralização do perispírito, a sua expansão. Assim, se houvesse naqueles instantes um médium vidente, este lhe veria o duplo. À guisa de ilustração, informamos que já foram registrados muitos casos de bicorporeidade, ou seja, o duplo torna-se visível a todos os que estão próximos e a pessoa é vista em dois lugares ao mesmo

denotar: mostrar, indicar através de sinais ou indícios

médium vidente: indivíduo que tem a faculdade de ver os Espíritos

duplo: nome comum dado ao perispírito quando se apresenta de forma autônoma em relação ao corpo a que está vinculado

Codificador: denominação dada a Allan Kardec por ter codificado (reunido numa só obra textos, documentos etc.) o ensino dos Espíritos, dando origem à doutrina espírita

hígido: que goza de perfeita saúde; sadio, são

sintonia: correspondência entre a frequência vibratória de dois ou mais indivíduos, determinando uma ligação entre eles que resultará em pensamentos, sentimentos, comportamentos afins

tempo. O Codificador esclarece esse fenômeno no capítulo VII de *O livro dos médiuns*, onde a certa altura explica:

Tem, pois, dois corpos o indivíduo que se mostra simultaneamente em dois lugares diferentes. Mas, desses dois corpos, um somente é real, o outro é simples aparência. Pode-se dizer que o primeiro tem a vida orgânica e que o segundo tem a vida da alma.

Kardec cita os exemplos de Santo Afonso de Liguori e Santo Antônio de Pádua, que foram comprovados. Convidamos os leitores a consultar o livro mencionado para obter mais detalhes.

Quanto à possibilidade de uma pessoa ceder o seu corpo, mesmo inconscientemente, a um ou mais Espíritos, isto é possível e sua explicação reside na capacidade de dissociação. Existe, portanto, uma predisposição física para que isso ocorra, porém, num estado hígido, natural.

Em Sybill, esse estado apresenta-se de tal maneira que está bem caracterizada a sua condição patológica. A causa profunda, entretanto, é o Espírito, que por um motivo que não sabemos, mas podemos inferir de forma abrangente, tornou-se totalmente passivo perante aqueles que o queriam dominar. É, pois, grave processo obsessivo com característica de possessão.

De imediato, ao analisar o caso, ressaltamos dois pontos básicos. O primeiro é que a predisposição para que isso ocorra é a nossa inferioridade moral/espiritual. Nossos comprometimentos do passado, respondendo pela nossa baixa frequência vibratória, são as brechas que facilitam e possibilitam a sintonia com Espíritos de mesma faixa.

O segundo é que os Espíritos que realizam tais processos de domínio mental não têm boas intenções. São, portanto, inferiores. Kardec já nos diz que os bons Espíritos nenhum constrangimento infligem.

As chamadas personalidades são, como é óbvio, Espíritos diversos. Em relação a Sybill, vários se associaram para usufruir da vida física (à qual, digamos logo, mostravam-se bastante apegados), tendo-a como médium e que, como vimos, cede passivamente a sua indumentária carnal e seu campo mental, sem forças para opor-lhes resistência, evidentemente, por comprometimentos pregressos. Mesmo aparentando laivos de simpatia por Sybill, e no caso de Vicky até impedindo-a de se suicidar, o que existe, no fundo, é um profundo egoísmo de todos, fato que denota a intenção malévola subjacente, tudo habilmente disfarçado.

Imaginemos o tormento que ela sofreu ao se conscientizar da existência de diferentes personalidades que a dominavam, geriam a sua vida, anulando a sua vontade e a sua própria personalidade. Foi de tal ordem a autonomia, que tais Espíritos conseguiram, por intermédio do corpo de Sybill, que a entidade denominada Mary chegasse a comprar uma casa, dando um sinal de 500 dólares, assinando o cheque, é claro, com o nome da moça, que só descobriu a ação depois que o banco lhe comunicou que não tinha mais saldo. Posteriormente, Peggy Lou, com a doutora Wilbur, quando esta lhe perguntou quem iria pagar a casa, respondeu: "Sybill. Cabe a ela trabalhar e cuidar de nós."

Concluindo, deixemos a palavra com Joanna de Ângelis:

> Muitas das personalidades múltiplas que se apresentam nas psicopatologias são presenças espirituais que estão interferindo na conduta dos seres humanos, necessitando de conveniente terapia capaz de despertar-lhes a consciência, demonstrando-lhes

laivos: rudimentos, vestígios

subjacente: que não se manifesta claramente, ficando encoberto ou implícito

psicopatologia: ramo da medicina que estuda as modificações do modo de vida, do comportamento e da personalidade de um indivíduo, que se desviam da norma e/ou ocasionam sofrimento e são tidas como expressão de doenças mentais

terapia: método apropriado para tratar determinada doença

laborar: o lamentável campo em que laboram com incalculáveis pre-
trabalhar juízos para elas mesmas.

São, quase sempre, recordações de comportamentos muito severos que se gravaram com vigor nos painéis da alma e automaticamente ressurgem, sobrepondo-se ao estado de lucidez, e passando a dirigir as atitudes presentes.

A história de cada vida está impressa no próprio ser que se encontra vinculado a todos os atos e fatos que tiveram predominância nas suas existências anteriores. O hoje é continuidade do ontem, assim como será prosseguido no amanhã. Afinal, o tempo é imutável na sua relatividade e todos os indivíduos, todas as coisas passam por ele conduzindo a carga das realizações que sejam pertinentes a cada qual.[28]

---

28. Divaldo Franco, Joanna de Ângelis (Espírito), *Dias gloriosos.*

*A história de cada vida
está impressa no próprio
ser que se encontra vinculado
a todos os atos e fatos
que tiveram predominância
nas suas existências anteriores.
O hoje é continuidade
do ontem, assim como será
prosseguido no amanhã.*

Transtornos do humor

TRANSTORNOS DO HUMOR (OU AFETIVOS) SÃO ENFERMIdades em que existe uma alteração do humor, da energia (ânimo) e do jeito de sentir, pensar e comportar-se. Acontecem como crises únicas ou cíclicas, oscilando ao longo da vida. Podem ser episódios de depressão ou de mania. Na depressão, a pessoa sente tristeza exagerada e desânimo e, na mania, um aumento da energia e euforia anormal.

O termo "mania" não significa "mania de fazer alguma coisa" ou algum tique – é simplesmente o nome que o médico dá para a fase de euforia maníaco-depressiva. Os sintomas de euforia e depressão podem variar de um paciente a outro e no mesmo paciente, ao longo do tempo, muitas vezes confundindo-o, bem como aos seus familiares.

Os transtornos do humor podem acontecer ao longo da vida dentro de um curso *unipolar* ou *bipolar*. No unipolar, só ocorrem depressões, no bipolar, depressão e mania.

Os transtornos do humor podem ter frequência, gravidade e duração variáveis. Atingem mais de 20% da população em algum momento da vida. As depressões são duas vezes mais comuns em mulheres que em homens, iniciam-se,

capítulo 4

geralmente, entre 20 e 40 anos de idade e vitimam de 16% a 18% das pessoas.[29]

Nos casos de depressão, dois terços dos pacientes deprimidos pensam em suicídio e 10% a 15% o cometem. As crianças e os adolescentes também podem apresentar sintomas de depressão.

Etiologia – as causas dos transtornos do humor são desconhecidas.

Fatores biológicos – a noradrenalina e a serotonina são os dois neurotransmissores mais envolvidos na fisiopatologia dos transtornos do humor. Estudos apontam inúmeras causas, dentre elas a diminuição do hormônio da tireoide. Há também estudos de ligação com certos cromossomos o que significa a existência de um gene importante para o desenvolvimento do transtorno bipolar. [CP]

---

29. Doris H. Moreno, Ricardo A. Moreno, Táki A. Cordás, *Informe científico*.

neurotransmissor: responsável pela transmissão do impulso nervoso

fisiopatologia: processo físico-químico que constitui uma doença ou caracteriza determinada doença

tireoide: glândula endócrina situada na frente da laringe

cromossomo: estrutura composta de DNA, normalmente associada à proteína e que contém genes arranjados em sequência linear

gene: unidade fundamental, física e funcional da hereditariedade, constituída pelo segmento de uma cadeia de DNA responsável por determinar a síntese de uma proteína

Depressão

A depressão é um transtorno do humor "caracterizada por uma alteração psíquica global com consequentes alterações na maneira de valorizar a realidade."[30] Pode haver angústia, acompanhada ou não de ansiedade e tristeza.

Os sintomas mais frequentes são:

> humor para baixo, tristeza, angústia, sensação de vazio;
> irritabilidade, desespero;
> pouca ou nenhuma capacidade de sentir prazer e alegria na vida;
> cansaço mais fácil, desânimo, falta de energia física e mental;
> falta de concentração, lentidão de raciocínio, memória ruim;
> falta de vontade, falta de iniciativa e interesse, apatia;
> pensamentos negativos, pessimismo, ideia de doença, de morte (suicídio);
> sentimento de culpa, de fracasso, inutilidade, falta de sentido na vida;
> interpretação distorcida e negativa do presente e de fatos ocorridos no passado;
> redução da libido;
> perda ou aumento de apetite e/ou peso;
> insônia ou dormir demais, sem se sentir repousado;
> dores ou sintomas físicos difusos: dor de cabeça, nas costas, no pescoço e nos ombros, sintomas gastrointestinais, alterações menstruais, queda de cabelo;
> em depressões graves, alucinações e delírios.[31]

libido: desejo sexual

difuso: que não apresenta limites precisos

alucinação: perturbação mental que se caracteriza pelo aparecimento de sensações (visuais, auditivas etc.) atribuídas a causas objetivas que, na realidade, inexistem

delírio: convicção errônea, baseada em falsas conclusões tiradas dos dados da realidade exterior, e que não se altera mesmo diante de provas ou raciocínios em contrário

---

30. Geraldo J. Ballone, *Informe científico.*
31. Doris H. Moreno, Ricardo A. Moreno, Táki A. Cordás, opus cit.

Depressão na visão espírita

As pessoas deprimidas apresentam um quadro de sofrimento intenso, caracterizado, via de regra, pela insatisfação – e como decorrência dessa, o tédio –, rebeldia, revolta contra Deus (o que denota falta de fé), egoísmo.

As famílias nas quais existem pessoas deprimidas passam a viver em função destas, o que significa uma constante preocupação e muitos gastos, na tentativa de se obter a cura.

Ao longo do tempo, em nossos atendimentos, constatamos que a maioria dos depressivos são indivíduos que carregam um sentimento de culpa muito presente – o que os leva a uma constante autopunição inconsciente –, são muito exigentes consigo mesmos e com os outros, e não se consideram merecedores da felicidade e, até mesmo, do sucesso.

A causa profunda desses sofrimentos íntimos não está realmente na situação atual, nas conjunturas do meio ambiente, no estado de saúde ou doença, embora tudo isso possa ter um peso considerável, mas, sim, no Espírito, que carrega suas imperfeições e conflitos que hoje ressumam através de estados de tristeza, angústia, ansiedade ou revolta, como a deixar patenteado, na maioria das vezes, que por ser culpado precisa de ajuda, de amparo, de chamar atenção para sua dor, a qual considera a maior e mais intensa da face da Terra.

> **denotar:** mostrar, indicar através de sinais ou indícios

> **ressumar:** manifestar(-se) de maneira evidente; revelar-se

> **patenteado:** que se tornou patente, claro; comprovado

Decepção amorosa

Um outro aspecto que observamos é que grande número de pacientes depressivos não consegue aceitar ou administrar certas perdas que a vida lhes impôs. Isto passa pela "perda" de entes queridos e pelos revezes amorosos.

Falemos um pouco sobre as decepções na área afetiva.

Hoje em dia é muito comum que as pessoas, ao romperem um relacionamento afetivo, especialmente quando o parceiro provoca o rompimento, aquele que foi abandonado ou traído não consegue suportar a desvinculação, caindo em desequilíbrio e depois em depressão.

Quando uma pessoa cultiva uma fixação mental e emocional em alguém que passa a ser responsável pela sua felicidade ou desgraça, isso pode vir a desaguar num autêntico processo obsessivo de encarnado para encarnado,[32] podendo culminar, em casos extremos, em crime passional ou suicídio.

Por aí se vê o grande erro em colocar-se a própria felicidade numa pessoa. Se esta, em cujas mãos depositamos o nosso destino e que, segundo pensamos, tem a incumbência ou obrigação de nos fazer feliz, tiver outra preferência, mudar de ideia, gostar de outro, o mundo virá abaixo.

perspectiva: esperança, expectativa

O desespero toma conta da criatura como se não houvesse mais nenhuma perspectiva de voltar a ser feliz. Muitos, nesta situação, dizem não suportar a vida sem a tal pessoa, que tudo acabou, que ela a completava e, por isso só há uma saída: a morte, para ficar livre do sofrimento, do vazio que a sua perda significa.

---

32. Mais detalhes sobre os agentes da obsessão são encontrados em nosso livro *Obsessão/Desobsessão*.

Quem se mata por amor não pensou direito. Deixo de ressaltar aqui as gravíssimas implicações e consequências do suicídio[33] explicadas e demonstradas pelo espiritismo, para analisar o assunto sob outro ângulo. Queremos falar não apenas do ponto de vista feminino, pois não são unicamente as mulheres que põem termo à vida ao se sentirem abandonadas por alguém, mas também do ponto de vista masculino, pois os homens também se matam em razão de uma decepção amorosa.

Vejamos a situação. Uma pessoa ama alguém que resolve partir, arranjou um novo amor, mudou de ideia, deu fim ao relacionamento. Pega o que lhe pertence, faz as malas e se vai. Não chora, não está desesperado, talvez até aliviado ou contente. Quem fica se desespera, às vezes se rebaixa de todas as formas possíveis para forçar a retomada do relacionamento. Julga que a vida acabou, por isso chora desesperadamente, entra em depressão. Devagar, a ideia de pôr fim à própria vida começa a crescer em seu íntimo. Alguns chegam a consumar o ato.

Nosso parecer sobre esse dramático momento tem outro enfoque. Se não, vejamos: a pessoa pensa em se matar, julga que irá provocar o arrependimento ou, na melhor das hipóteses, que irá provocar um sentimento de culpa naquele que desgraçou a sua vida. Ledo engano! Em pouco tempo será esquecido! Essa é a dura realidade, mas é o que acontece. Assim, é preciso pensar se o chamado traidor vale o sacrifício ou a vingança que esteja sendo premeditada. O suicídio não

---

33. Recomendamos a leitura do livro *Memórias de um suicida*, psicografado por Yvonne Pereira.

é a saída, e sim um terrível agravamento do caso em relação à própria pessoa. Quem prejudicou continua vivo e aproveitando a vida. Viva e deixe-o viver – é o melhor caminho.

Pensar em vingança é extremamente prejudicial. Isto complica a vida de quem assim procede, atrai graves comprometimentos futuros, causa perturbações dolorosas e sequelas perigosas. Sem falar no fato de que quem deseja vingar-se jamais amou verdadeiramente, pois o amor legítimo não fere, não mata! Ao contrário, deseja a felicidade do ser amado sob qualquer circunstância. O que ocorre, nesse caso, é a paixão, que traz a ideia de posse. As pessoas querem ter a posse do outro, disso advém a tremenda revolta quando o parceiro termina a relação afetiva.

> **sequela:** efeito de uma causa; consequência, resultado

O caminho é outro. É preciso usar a inteligência que Deus nos deu. É essencial não castigar a si mesmo, não se julgar culpado. É fundamental querer ser feliz e achar o caminho certo para isto. É preciso erguer a cabeça e recomeçar.

Se você, que está lendo estas linhas, estiver passando por tal situação, erga a cabeça e olhe para cima. Valorize-se. Comece por arrumar-se com mais cuidado, vestindo-se melhor, mostre a todos (e especialmente para aquela pessoa) que não está acabado. Ficar chorando e com cara de sofrimento não irá resolver nada, não lhe fica bem e dá aquele aspecto de envelhecimento que ninguém quer ter. Sempre digo aos que passam por isso: "Não se deixe abater. Mostre que pode 'dar a volta por cima', que tem amor-próprio."

Amor-próprio! quase não se vê mais isso hoje em dia. Mas ter amor-próprio é essencial, é muito importante. Equivale a ter autoestima. O dicionário informa que amor-próprio é "sentimento de dignidade pessoal; orgulho; brio."

Portanto, você que está depressivo, reaja! Tenha amor por si mesmo. Você é filho de Deus e o Pai do céu quer a sua felicidade.

Dê tempo ao tempo. Daqui a alguns anos você irá lembrar-se desta fase e dirá: "Eu quase me matei por ele(a). Ainda bem que não o fiz."

Tal situação evidencia que o ser humano não consegue conviver consigo mesmo, não gosta da própria companhia, tem medo da solidão. O ficar só, ainda que momentaneamente, torna-se uma desgraça irreparável.

O tema solidão levou-nos a escrever, há tempos, uma crônica a respeito, publicada no jornal *Correio Fraterno do ABC*, em outubro de 1990. A seguir a transcrevemos.

Exercício da solidão

A solidão do homem das metrópoles não é somente a solidão que o rodeia, é também a solidão que o habita.
KALINA e KOVADLOFF

É madrugada. Insone, aproveito o tempo para ler e escrever, o que me é muito agradável.

Releio *As cerimônias da destruição* (Kalina e Kovadloff) e me deparo com a frase que abre esta crônica. E me vejo a pensar a solidão, hoje, todavia, numa condição de paz interior, o que me permite admitir que em certas circunstâncias ela pode ser benéfica. Talvez amanhã ou daqui a pouco ela não me pareça mais tão atrativa.

Tenho, como todos, as minhas próprias experiências nesse sentido.

De repente me vêm à mente alguns versos de uma música de Dolores Duran, inesquecível poetisa: "Ai, a solidão vai acabar comigo. Ai, eu já nem sei o que faço e o que digo."

Gosto da noite, do silêncio e, de certa forma, de um pouco de solidão. Mas essas coisas combinadas – insônia, noite, silêncio e solidão – quase sempre são o horror de muita gente. Especialmente porque as três primeiras potencializam a solidão.

Recordo-me que nos momentos em que a senti como uma dor muito pungente também estava dominada pela saudade. Solidão e saudade andam juntas, com frequência. Esse estado íntimo tem levado expressivo número de pessoas ao desespero, à depressão e ao suicídio. A falta, a ausência de um ser amado, a carência interior podem machucar tanto que se tornam dor física.

Quem – com alguma vivência – não passou por isso?

Às vezes a solidão advém de um estado de saudade bastante impreciso. Estando rodeada de pessoas queridas, estou só. Uma saudade inexplicável, vaga, de algum lugar e de alguém me domina. O céu azul, o dia radioso e belo parecem cinzentos e frios. A noite estrelada recendendo perfumes de flores próximas é um abismo negro prestes a fechar-se sobre mim. Em momentos assim, a solidão me habita e neste planeta Terra talvez não haja um lugar em que me sentisse feliz. Então eu sabia, como sei, que sofria por tempos e experiências que ficaram lá atrás e que ressumam agora em forma de saudade.

> **pungente:** agudo, penetrante, lancinante

> **recender:** cheirar a; exalar suave perfume

O conforto de saber o porquê das coisas, dos desencontros e desenganos, de saber a g̲ê̲n̲e̲s̲e̲ dos sofrimentos inexplicáveis nesta vida resultam em forças e coragem, estímulos para se entender como desafios que temos de vencer à custa de esforço, perseverança e determinação.

gênese: origem, causa

Entretanto, quantos milhões de pessoas caminham em a̲t̲u̲r̲d̲i̲m̲e̲n̲t̲o̲ e desespero buscando um sentido para a vida, tentando encontrar respostas e, sobretudo, esperanças e p̲e̲r̲s̲-̲ p̲e̲c̲t̲i̲v̲a̲s̲ que lhes sejam a̲r̲r̲i̲m̲o̲s̲ e alternativas, ou mais que isso, certeza de progresso, de paz e felicidade porvindouras?

aturdimento: estado de perturbação da mente ou dos sentidos

Quantas pessoas existem que buscam f̲r̲e̲n̲e̲t̲i̲c̲a̲m̲e̲n̲t̲e̲ as diversões, os ruídos, os prazeres e vícios apenas para ter companhia? Porque não se suportam, temem a solidão de modo doentio e inventam mil maneiras – nem sempre equilibradas – de evitá-la. Ou talvez pelo pavor de se enxergarem por dentro no confronto que o ato de estar sozinho p̲r̲o̲p̲i̲c̲i̲a̲.

perspectiva: visão, panorama

arrimo: situação que pode servir de auxílio, proteção

É este, especialmente, o ser humano das metrópoles. Cercado de edifícios, de automóveis, de pessoas, está a sós, inevitavelmente só, porque perdido em si mesmo, num c̲i̲p̲o̲a̲l̲ de problemas mal resolvidos ou adiados enquanto outros vão se somando. A solidão que o rodeia, porém, é bem menos sofrida que aquela que mora em seu íntimo.

freneticamente: de modo frenético (em grande agitação; convulso)

Desacostumado a uma vivência interior, desconhecendo a si mesmo, neurotizado pelos medos que a vida moderna impõe e talvez por outros que carrega inconscientemente, o homem atual parece absolutamente despreparado para vencer tudo isso.

propiciar: proporcionar as condições para a realização de (algo)

Essa luta intensa e íntima é tão dramática que pode chegar a um processo de despedaçamento da personalidade, expressando-se por mecanismos de defesa neuróticos ou

cipoal: situação difícil, complicada

alienação: loucura

psicóticos quando não chega a desaguar em a̲l̲i̲e̲n̲a̲ç̲ã̲o̲ ou suicídio.

Émile Durkheim afirma:

> Se hoje nos matamos mais que ontem não é porque temos que fazer, para nos manter, esforços mais dolorosos nem porque nossas necessidades legítimas estão menos satisfeitas; mas é porque já não sabemos onde estão as necessidades legítimas nem tampouco percebemos o sentido de nossos esforços.[34]

Essa dificuldade que o ser humano tem de administrar os próprios conflitos e de superá-los advém, não raras vezes, do desconhecimento de suas causas geradoras. Tendo a visão limitada pela concepção de uma única existência terrestre, esbarra nesse estreito universo pessoal como ave prisioneira impedida de a̲l̲ç̲a̲r̲ voo. A solidão, a angústia, o medo, os conflitos parecem irreversíveis.

alçar: levantar

fieira: sequência, conjunto

A madrugada avança e prossigo na f̲i̲e̲i̲r̲a̲ dessas reflexões, sentindo-me bastante confortável por não ter comigo – ainda que em momentos aflitivos e por isso mesmo – tal i̲n̲c̲ó̲g̲n̲i̲t̲a̲. Sinto-me feliz por saber. Já não se trata de uma crença: eu sei por que sofro, por que vivo, de onde vim e até do futuro posso fazer algumas projeções, como de resto sabem os espíritas e também os espiritualistas reencarnacionistas.

incógnita: aquilo que se desconhece e se busca saber

A doutrina espírita oferece respostas e lança luzes sobre as causas dos sofrimentos e v̲i̲c̲i̲s̲s̲i̲t̲u̲d̲e̲s̲ terrestres.

vicissitude: condição que contraria ou é desfavorável a algo ou alguém; insucesso, revés

Joanna de Ângelis tem algumas páginas sobre a solidão, dentre elas "Carma de solidão", que está no livro *Viver e amar*.

---

34. Émile Durkheim, *El suicidio* [p. 174]. In: Eduardo Kalina, Santiago Kovadloff, *As cerimônias da destruição* [p. 94].

Emmanuel, por sua vez, tem uma antológica mensagem cujo título é "Solidão", capítulo 70 de *Fonte viva*. Além dessas, muitas outras estão inseridas na extensa e rica literatura espírita.

De repente me dou conta de que nós, espíritas, somos ricos. Ricos de conhecimentos, de informações e comprovações que nos propiciam uma vida interior intensa e preciosa quando os incorporamos à nossa vivência.

Por isso, digo a alguém que me lê e está sofrendo: procure conhecer os esclarecimentos que o espiritismo apresenta para os problemas humanos.

Esteja certo (esse alguém) que a doutrina lhe dirá que fomos criados para a felicidade, para o amor, para o progresso espiritual. Que o sofrimento é opção nossa a qual podemos modificar através do trabalho edificante, do nosso crescimento como pessoa, pois todos temos direito à felicidade. Não se entregue à solidão, à dor de uma saudade. Lute, trabalhe, viva! Tenha um ideal superior que alimente o seu eu. Lembre-se de que o ser humano não é o corpo – é o Espírito. Ame a si mesmo, a vida, as pessoas. Afinal, conforme Joanna de Ângelis, "a maior felicidade no amor pertence a quem ama."

A madrugada chega ao fim, as sombras desfazem-se e o novo dia amanhece.

Perda de entes queridos

A morte ainda é o grande mistério e a maior desgraça da vida para grande parte da humanidade.

A partida de um ente querido, o fim da existência física de alguém que amamos é, realmente, uma dor que não se consegue traduzir em palavras. O vazio, o sofrimento, a saudade tomam conta dos que ficaram, sensações e sentimentos que se confundem com a dúvida, a incerteza da continuidade da vida, o desconhecimento e o despreparo perante um fato que é o mais certo da nossa existência terrena.

Vive-se como se não houvesse a morte.

Vive-se como se o ser humano fosse o autor da vida.

Vive-se de forma inconsequente e com total indiferença ante o significado da própria vida humana.

Vive-se sem fé em Deus.

Vive-se sem se dar conta de que fomos criados por Deus.

E o que é pior, vive-se com a crença de que Deus é um ser cruel e vingativo e que pune os seus filhos com castigos eternos, projetando-se no Pai do céu a nossa própria sombra interior. Por isso Ele tem tantos defeitos – e que são nossos.

Assim, não é de estranhar-se que a morte seja encarada de forma tão desesperadora. É como se o nosso ser querido tivesse sido enterrado ou cremado e nada mais restasse.

As pessoas totalmente desconsoladas e, não raro, desestruturadas, procuram cada vez mais o centro espírita e as respostas da doutrina espírita. Nada lhes conforta e ameniza a dor, porque, segundo creem, não há mais esperanças nem possibilidade de reencontro com o ser amado que fez a grande viagem.

Mas, de pronto encontram uma nova realidade: ninguém morre. A vida não cessa e continua em outra dimensão. O ente querido está vivo, não morreu. E prossegue amando aqueles que ficaram e percebendo-lhes as vibrações de amor, como também sentindo-lhes a inconformação, a revolta, o desespero. Então se entristece ou se perturba e anseia por voltar e dizer-lhes que não morreu, que está mais vivo do que nunca. Que a separação é temporária e que os laços de amor e de afeto permanecem. Todavia não consegue fazer-lhes compreender tudo isso, não ouvem, não querem, não creem. A comunicação é dificultada pela descrença, pela falta de fé, pelo despreparo da vida ante a morte.

O espiritismo demonstra o definitivo triunfo da vida sobre a morte.

Transtorno bipolar (depressão e mania)

Mania – o termo "mania" significa um estado mental alterado em que a pessoa se sente eufórica, acelerada e/ou muito irritada, podendo tornar-se agressiva verbal e fisicamente. Ocorrem agitação ou inquietação, aumento de energia e redução da necessidade de sono. Os pensamentos aceleram-se, aumenta a quantidade de ideias, a pessoa não consegue falar tudo o que vem à mente ao mesmo tempo. Não consegue manter a atenção em um único tema, começa a fazer muitas coisas ao mesmo tempo e não consegue terminar. Alegria exagerada e grande euforia ou mesmo agitação incômoda e sofrida. Surgem autoconfiança e otimismo extremos, sensação de poder, inteligência, riqueza. Planos irreais vêm à mente, ocorrem gastos excessivos, endividamento, negócios irresponsáveis ou precipitados. Na esfera sexual, aumenta a libido, a desinibição e o erotismo. A pessoa não percebe as mudanças ocorridas em seu comportamento ou não as vê como inconvenientes, rídiculas, e às vezes incômodas para as outras pessoas.[35]

---

35. Doris H. Moreno, Ricardo A. Moreno, Táki A. Cordás, opus cit.

obsessor: indivíduo que exerce influência mental sobre outro de modo persistente e maléfico

desobsessão: ação voltada à cura do processo obsessivo, em benefício do obsidiado e do obsessor

hippie: pessoa que, nas décadas de 1960 e 1970, rejeitava as normas e os valores da sociedade de consumo, vestia-se de modo não convencional (com influência da moda oriental), deixava crescer os cabelos, desprezava o dinheiro, o trabalho formal, frequentemente vivia em comunidades, pregava a não violência, a liberdade sexual e frequentemente a liberação das drogas

F.J., um senhor de 60 anos de idade, veio para o atendimento trazido por sua esposa numa crise grave de depressão. Chorava copiosamente, sem condições de manter qualquer tipo de diálogo. A esposa esclareceu que o psiquiatra diagnosticara transtorno bipolar. Apesar de seguir o tratamento médico, não apresentou resultado expressivo. Decidiram de comum acordo que ele se submeteria a um tratamento espiritual. Esclareceu, ainda, que a crise depressiva durava algum tempo vindo depois a euforia; nesse estado, a sua conduta constituía um perigo, pois mudava completamente, julgando estar de volta à adolescência e agindo como tal, usando roupas, gírias, dirigindo o carro em alta velocidade e com o escapamento aberto. Foi constatada a presença de Espíritos obsessores e realizados os trabalhos de desobsessão, propiciando-lhe bons resultados quando ainda na fase de depressão, embora algumas entidades ficassem irredutíveis. Entretanto, ao chegar à fase da euforia, F.J. mudou totalmente a sua conduta e aparência e compareceu à reunião pública da casa trajado como um *hippie*, muito falante e tendo comportamento inadequado. Foi atendido com muita atenção e carinho e, embora mostrando-se reconhecido, comunicou-nos que não mais necessitaria do tratamento espírita, visto que se considerava curado. Depois desse atendimento, dele não mais tivemos notícia.

Transtornos do humor na visão espírita

No livro *Amor, imbatível amor*, Joanna de Ângelis apresenta no capítulo "Doenças da alma" o tema transtorno do humor, por ela denominado mau humor. Infere-se que se trata do humor patológico, ou seja, do transtorno do humor.

Ela descreve o humor depressivo e o bipolar. Vejamos como expõe o tema:

O mau humor, que resulta de distúrbios emocionais profundos ou superficiais, se instala de forma sutil e passa a constituir uma expressão constante no comportamento do indivíduo. Pode apresentar-se com caráter transitório ou tornar-se crônico, convertendo-se em verdadeira doença, que exige tratamento continuado e de longo prazo. [...]

Caracteriza-se o mau humor pela apatia que o indivíduo sente em relação às ocorrências do dia a dia, à dificuldade para divertir-se, aos impedimentos psicológicos de atingir metas superiores, de bem desempenhar a função sexual, negando-se à mesma ou atirando-se desordenadamente na busca de satisfações além do limite, mediante mecanismo de fuga em torno da própria problemática. Torna-se, dessa forma, pessoa solitária, egoísta, amarga. [...]

O oposto, o excesso de humor, também expressa disfunção orgânica, revelando-se em traços de personalidade em forma. exagerada de otimismo que não tem qualquer justificação de conduta normal, já que se torna uma euforia, responsável pela alteração do senso da realidade. Perde-se, nesse estado, o contorno do que é real e passa-se ao exagero, tornando-se irresponsável em relação aos próprios atos, já que tudo entende como de fácil manejo e definição. Em tal situação, quando irrompe a doença, há uma excitação que conduz o paciente às compras, à agitação, à insônia, com dificuldades de concentração. [...]

---

patológico: referente à patologia (qualquer desvio anatômico e/ou fisiológico, em relação à normalidade, que constitua uma doença ou caracterize determinada doença)

distúrbio: mau funcionamento de (órgão, função orgânica etc.)

caráter: qualidade peculiar; especificidade, cunho

disfunção: distúrbio da função

irromper: invadir subitamente

ínsito: que é um constitutivo ou uma característica essencial de uma coisa

A consciência de culpa, ínsita no Espírito, impõe-lhe uma conduta mal-humorada, produzindo organicamente fenômenos exteriores, que podem ser diluídos mediante uma alteração na conduta do enfermo, que se deve esforçar, certamente com muito sacrifício, a fim de recuperar-se dos equívocos, encetando novos compromissos edificantes, mediante os quais diminuirá a dívida moral, autoliberando-se do fardo esmagador.[36]

---

36. Divaldo Franco, Joanna de Ângelis (Espírito), *Amor, imbatível amor.*

A consciência de culpa, ínsita no Espírito, impõe-lhe uma conduta mal-humorada, produzindo organicamente fenômenos exteriores, que podem ser diluídos mediante uma alteração na conduta do enfermo, encetando novos compromissos edificantes, mediante os quais diminuirá a dívida moral.

Transtornos psicóticos

delírio: convicção errônea, baseada em falsas conclusões tiradas dos dados da realidade exterior, e que não se altera mesmo diante de provas ou raciocínios em contrário

psicopata: sociopata; aquele que sofre psicopatia (distúrbio mental grave em que o enfermo apresenta comportamentos antissociais e amorais sem demonstração de arrependimento ou remorso)

delirium tremens: quadro patológico que surge após um longo tempo de consumo excessivo de álcool etílico; delírio alcoólico

demência senil: demência que acomete pessoas idosas em consequência da esclerose (aumento patológico de tecido conjuntivo em um órgão)

CARACTERIZAM-SE PELA PERDA DO JUÍZO DE REALIDADE e prejuízo do funcionamento mental, manifestado por delírios, alucinações, confusão e prejuízo da memória.

O termo "psicótico" tornou-se sinônimo de grave limitação no funcionamento social e pessoal, caracterizado por retraimento social e incapacidade para desempenhar os papéis profissionais e domésticos habituais. O psicótico não deve ser confundido com o "psicopata", antiga denominação dos indivíduos com transtorno de personalidade antissocial.

A evidência direta de comportamento psicótico é a presença de delírios ou alucinações sem que o paciente tenha consciência de sua natureza patológica. Exemplos incluem fala acentuadamente incoerente sem aparente consciência da pessoa de que sua fala não é compreensível, comportamento agitado, desatento e desorientado.

Os quadros psicóticos apresentam-se com etiologia de:

1. causa orgânica (lesional): alcoólica (*delirium tremens*, demência alcoólica), drogas (incluindo-se a síndrome de abstinência), doença de Alzheimer, patologias tumorais e infecciosas prévias;
2. causa não orgânica (psicoemocional e genética): esquizofrenia, demência senil, transtornos delirantes (paranoide e outros). [CP]

capítulo 5

Psicoses na visão espírita

Em seu esclarecimento a respeito, Jorge Andréa informa que os psicóticos,

> pelo bloqueio da funcionalidade mental, são doentes das estruturas básicas do eu.
> Nas psicoses existirão os grandes desvios mentais com perda da realidade e sem capacidade de direcionamento próprio. Alguns não se consideram doentes e vão externando conduta excêntrica, podendo alcançar certos graus de periculosidade.

Pela alteração das estruturas mentais e por não ter consciência da própria situação, os pacientes quase sempre ficam necessitados de internação, perdendo comumente a capacidade de realização de suas atividades cotidianas e até mesmo o convívio familiar e social.

As psicoses representam os mais severos quadros das doenças mentais,

> com multiplicidade sintomática, quase sempre associadas em complicações psicológicas, de modo a traduzir graves e profundas lesões psíquicas.[37]

---

37. Jorge Andréa dos Santos, *Visão espírita nas distonias mentais*.

síndrome: conjunto de sinais ou de características que, em associação com uma condição crítica, são passíveis de despertar insegurança e medo

paranoia: designa os problemas psíquicos que tomam a forma de um delírio sistematizado (a paranoia engloba sobretudo as formas crônicas de delírios de relação, ciúmes e perseguição e a chamada esquizofrenia paranoide)

excêntrico: extravagante, fora dos padrões considerados normais

periculosidade: condição de perigoso

A presença de delírios e alucinações nos quadros psicóticos sempre despertou o nosso interesse, na tentativa de compreender como se originam na mente humana. A resposta encontramos em André Luiz, que discorre, com a profundidade e clareza que lhe são peculiares, sobre a mecânica desse processo mental.

Isso envolve o problema do "desejo central", que significa a tendência predominante em cada ser humano.

Ao explicar uma das técnicas utilizadas para promover a **obsessão**, certa personagem que a isso se dedica – conforme consta da obra *Ação e reação*, de André Luiz – passa a narrar os procedimentos necessários para atingir os fins a que se propõe.

Informa inicialmente que é imprescindível descobrir o "desejo central" da pessoa visada; observar-lhe os desejos mais íntimos, o que não é difícil, pois os pensamentos que emitimos com mais frequência nascem da nossa tendência mais profunda, passando a "constituir o reflexo dominante de nossa personalidade".

Vejamos a sua narrativa.

> Conhecido o reflexo da criatura que nos propomos retificar ou punir é, assim, muito fácil superalimentá-la com excitações constantes, robustecendo-lhe os impulsos e os quadros já existentes na imaginação e criando outros que se lhes superponham, nutrindo-lhe, dessa forma, a fixação mental. Com esse objetivo, basta alguma diligência para situar, no convívio da criatura malfazeja que precisamos corrigir, entidades outras que se lhe adaptem ao modo de sentir e de ser, quando não possamos por nós mesmos, à falta de tempo, criar as telas que desejamos, com vistas aos fins visados, por intermédio da fixação hipnótica. Através de semelhantes processos, criamos e mantemos facilmente o "delírio psíquico" ou a "obsessão", que não

obsessão: ação mental persistente e maléfica que um indivíduo exerce sobre outro

imprescindível: necessário; que não é prescindível (renunciável, dispensável)

passa de um estado anormal da mente, subjugada pelo excesso de suas próprias criações a pressionarem o campo sensorial, infinitamente acrescidas de influência direta ou indireta de outras mentes desencarnadas ou não, atraídas por seu próprio reflexo.

E o ardiloso Espírito (obsessor) concluiu a explicação:

Cada um é tentado exteriormente pela tentação que alimenta em si próprio.[38]

As psicoses são doenças da alma ou do Espírito, expressando os graves comprometimentos do passado, especialmente na área intelectual, gerando a inarmonia psíquica de hoje.

Elucidando quanto às causas profundas do transtorno, o Espírito Carneiro de Campos afirma que em todo problema de psicoses "o ser espiritual é sempre responsável pela conjuntura que padece".

Abrindo uma perspectiva de esperança, afirma o autor espiritual que,

no espírito, encontram-se latentes os valiosos recursos que o podem incitar à liberação do carma pela importância da terapêutica tradicional, quando o paciente resolve ajustar-se; pela técnica fluidoterápica da ciência espírita, quando o alienado deseja cooperar; mediante os recursos valiosos da psicoterapia através da auto [autossugestão], da heterossugestão do otimismo, da oração, da edificação de si mesmo, quando o enfermo deseja submeter-se espontaneamente.[39]

---

38. Francisco C. Xavier, André Luiz (Espírito), *Ação e reação*.
39. Divaldo Franco, Espíritos diversos, *Sementes de vida eterna*.

---

ardiloso: que faz uso de ardis (armações, ciladas); esperto

inarmonia: ausência de harmonia; desarmonia

carma: expressão comum para a lei da causalidade moral explicada pela doutrina espírita; em algumas religiões e filosofias, possui certas peculiaridades que divergem da concepção espírita

terapêutica: terapia (método apropriado para tratar determinada doença)

autossugestão: forma de sugestão que não vem do exterior; o indivíduo persuade-se por meio de estímulos internos

heterossugestão: forma de sugestão que vem do exterior; o indivíduo persuade-se por meio de estímulos externos ou de terceiros

O suicídio como conduta psicótica

Várias estatísticas mencionadas em capítulos precedentes informam que muitos dos transtornos mentais podem levar ao suicídio. Este é um assunto da maior importância na visão espírita.

Segundo os autores argentinos, o médico psiquiatra e psicanalista Eduardo Kalina e o filósofo e escritor Santiago Kovadloff,[40] o suicídio, só em algumas ocasiões, tem o caráter de uma escolha voluntária.

caráter: qualidade peculiar; especificidade, cunho

Geralmente, mais que uma opção, se revela como uma conduta psicótica, como um gesto alienado que absorve, por assim dizer, a personalidade inteira de quem o realiza.

alienado: louco

Descrevendo os pormenores do processo, afirmam:

Entendido como imposição, o desejo suicida invade o eu consciente. Assalta-o e dobra-o, submetendo-o a uma ordem tanática. O eu, debilitado, não pode conter a invasão dos impulsos destrutivos. [...]

tanático: relativo à morte

O eu do suicida inicia muito cedo sua luta contra as fantasias tanáticas. À medida que transcorre o tempo, suas forças se vão atenuando e a influência da área psicótica da personalidade – na qual se nutre o impulso suicida – é cada vez maior.

atenuar: tornar menos intenso; reduzir, abrandar

É oportuno observarmos, na ótima obra dos autores citados, dois aspectos que nos interessam de perto.

---

40. Eduardo Kalina, Santiago Kovadloff, *As cerimônias da destruição.*

O primeiro é a afirmativa: "O suicida é um homem preparado de antemão para terminar como termina." Convém comentarmos, logo de imediato, o que o espiritismo elucida a respeito.

Sabemos que o Espírito traz do passado todo o acervo conquistado. Se em reencarnações anteriores ele foi um suicida, poderá ocorrer que a ideia suicida reapareça na reencarnação seguinte, pois esse estado mental impregna fortemente o psiquismo da criatura. A tendência a realizar novamente o suicídio aparece, pois as sequelas que o ato acarreta são marcantes, levando a pessoa, diante de reveses da vida, a cultivar a mesma ideia e até consumá-la. Seria, então, uma compulsão para o suicídio, o que denota o conteúdo psicótico.

Todavia, isso não significa que o Espírito venha preparado ou destinado ao suicídio. A lei divina sempre possibilita aos seres humanos o seu crescimento, o progresso espiritual. Assim, a tendência para o autocídio ocorre por não ter ainda o indivíduo que a apresenta conseguido superar as fraquezas morais que prevalecem em seu mundo íntimo.

O outro aspecto é quando abordam a concepção delirante subjacente na ideação do autocídio, porém é de tal forma racionalizada que não se percebe "a dose de loucura que nutre muitas das formas opcionais do suicídio". Esclarecem ainda que *para poder se matar, faz falta perder a consciência do indivíduo como si mesmo*".

Existe um instante – aquele em que se dispara sobre o próprio corpo ou se o envenena ou se o joga no vazio – em que estamos *fora de nós* e graças a isso podemos atacar a nós mesmos da forma que o fazemos. A capacidade autodefensiva do eu, nesse instante, transbordou. Este rebaixamento assinala a irrupção

---

acervo: conjunto do patrimônio moral, emocional, intelectual

revés: fato, acontecimento imprevisto que reverte uma situação boa para má; infortúnio

compulsão: imposição interna irresistível que leva o indivíduo a realizar determinado ato ou a comportar-se de determinada maneira

denotar: mostrar, indicar através de sinais ou indícios

autocídio: suicídio

subjacente: que não se manifesta claramente, ficando encoberto ou implícito

ideação: formação e encadeamento das ideias; concepção

irrupção: aparição ou intervenção ou invasão repentina

jugo: sujeição imposta pela força; opressão

da *psicose*. Por isso, porque aquele que se mata age sob o jugo de componentes extremos da personalidade, postulamos o suicídio como uma solução psicótica.

Aqui pode se dizer que o eu é "assassinado" pela carga desorganizadora dos conteúdos tanáticos dos níveis psicóticos do funcionamento mental. Vemos, então, que este "assassinato" exige, para se consumar, a anulação da autoconsciência, a abolição do eu capaz de apreender-se como tal a si mesmo. Não pode haver, por consequência, uma escolha da morte, posto que não entra em jogo uma vontade seletiva, uma consciência operante.[41]

Não é difícil deduzirmos os aspectos espirituais implícitos neste doloroso processo. Atentemos para o que esclarece Joanna de Ângelis com relação aos conflitos íntimos:

ruptura: rompimento

malbaratar: desperdiçar, utilizar, aplicar mal

nefasto: que pode trazer dano, prejuízo; desfavorável, nocivo, prejudicial

enredar: tornar-se preso; vincular-se, emaranhar-se

hostil: ameaçador, contrário, desfavorável

Diz-se que o comportamento autodestrutivo, decorrente dos impulsos doentios, é de origem mental exclusivamente.

Sem que seja descartada essa hipótese, as suas raízes, porém, estão fincadas em experiências anteriores do Espírito que se é, responsável pela estrutura do corpo em que se está, elaborando os conflitos e a ruptura da personalidade.

O Espírito que, anteriormente, malbaratou a oportunidade de crescimento moral através de ações nefastas, enredou-se em forças vibratórias de grave conteúdo destrutivo, renascendo em lar difícil para o ajustamento efetivo, em clima de desafios de vária ordem para a aprendizagem comportamental, conduzindo a carga de energia necessária ao equilíbrio da personalidade que lhe cabe administrar.

Os fatores hostis que defronta são a auto-herança que recebe, a fim de bem aplicá-la para conseguir valores edificantes. [...]

---

41. Eduardo Kalina, Santiago Kovadloff, opus cit.

O despertar da consciência a pouco e pouco abre espaço para a identificação da culpa, tornando-se instrumento de autopunição com tendência maníaca para a autodestruição.[42]

Observemos também o que leciona Manoel Philomeno de Miranda acerca de algumas explicações de especialistas sobre as causas do suicídio:

> Os comportamentos materialistas, em modernas escolas da psicologia, pretendem relacionar o suicídio com baixas cargas de serotonina no cérebro, *facilitando* a compreensão do episódio autocida graças a um neurotransmissor de natureza química. Sem dúvida, nessas dezenas de substâncias químicas que atuam como neurotransmissores no controle da atividade cerebral, respondendo pela área da emoção, defrontamos as *causas* de muitas ocorrências psíquicas, emocionais e físicas. Contudo, são, por sua vez, efeitos de outros fatores mais profundos, aqueles que procedem do Espírito que comanda a câmara cerebral, exteriorizando-se na mente e na fisiologia desses microinstrumentos que constituem a sede física do pensamento e de outras igualmente importantes funções da vida humana. [...]
>
> Uma análise mais íntima do fenômeno autodestruidor leva também a sutis ou violentas obsessões que o amor enlouquecido e o ódio devastador fomentam, além da cortina carnal.[43]

---

42. Divaldo Franco, Joanna de Ângelis (Espírito), *Amor, imbatível amor*.

43. Divaldo Franco, Manoel Philomeno de Miranda (Espírito), *Temas da vida e da morte*.

psicologia: ciência que trata dos estados e processos mentais, do comportamento do ser humano e de suas interações com um ambiente físico e social

serotonina: substância neurotransmissora (responsável pelas reações de prazer e bem-estar), vasoconstritora e reguladora da atividade dos músculos lisos

autocida: relativo ao suicídio

neurotransmissor: responsável pela transmissão do impulso nervoso

fisiologia: estudo das funções e do funcionamento normal dos seres vivos, especialmente dos processos físico-químicos que ocorrem nas células, tecidos, órgãos e sistemas dos seres vivos sadios

Infelizmente, conhecemos muitos casos que estão como que retratados pelos autores argentinos na explicação acima transcrita e que denotavam o conteúdo psicótico. Mas, em sua realidade profunda, crianças, jovens, homens e mulheres adultos que se mataram, sob a ótica espiritual estavam, em sua grande maioria, sob o domínio de Espíritos malfazejos, vingadores. (Em relação à criança, abordaremos mais adiante.)

Voltando ao texto dos argentinos, verifica-se o quanto é precisa a explicação relativa ao fato de o suicida *estar fora de si* e, por isso, *agride violentamente a si mesmo*, que embora esteja adstrita ao âmbito das reações psicológicas e psicóticas dá margem a que se extrapole dessas fronteiras para o que é mais profundo e realmente a causa de tudo: os conteúdos espirituais.

O processo expressa a indução hipnótica do Espírito perseguidor que se torna, então, predominante, neste momento decisivo, favorecendo a dicotomia extremamente desequilibrada, na qual o indivíduo "vê" o corpo físico e a vida com alta carga de revolta, de ódio, de culpa. Ao *matar a vida*, pretende, não somente eliminar o sofrimento que o conflito interior acarreta (e que julga ser inerente apenas ao corpo físico), mas também *vingar-se* de pessoas que o cercam e que, a seu juízo, não lhe deram o amor ou o valor que julgava merecer. Com sua morte, anseia por provocar-lhes sentimentos de revolta e culpa – estados íntimos esses que são, quase sempre, instigados pelo ser invisível, que odiento e infeliz deseja infelicitar aquele que é objeto da sua sanha destruidora e aos que o rodeiam.

O desfecho dramático retrata um quadro de "assassínio" que, embora tenha conteúdo psicótico, expressa, em última análise, a consumação da vingança engendrada pela entidade obsessora.

adstrito: que se restringe ou limita por algo; limitado

indução: estímulo para a realização de algo; sugestão, incentivo

dicotomia: partição de um conceito em dois outros, geralmente contrários

inerente: que é próprio ou característico de algo

sanha: fúria, ira

engendrar: conceber

obsessor: indivíduo que exerce influência mental sobre outro de modo persistente e maléfico

O assédio dessas entidades só acontece porque trazemos graves dívidas do passado, com as quais nos defrontamos no presente de maneira sofrida e, às vezes, extremamente complexa. A nossa inferioridade moral é a via de acesso a essas interferências negativas.

Esses Espíritos perseguidores têm como objetivo levar a vítima ao suicídio, pois sabem que as consequências desse ato são de sofrimentos superlativos, não apenas após o despertar no plano espiritual, mas também pelas sequelas que se imprimirão no corpo físico na reencarnação seguinte.

sequela: efeito de uma causa; consequência, resultado

A perseguição é executada através de sintonia mental que se estabelece entre o atual algoz e a vítima. Isso é possível por estarem ambos enredados em compromissos do passado e este que hoje está na situação de vítima é vulnerável, por trazer no seu íntimo a culpa, que o fragiliza. Assim, julga-se sem forças morais suficientes para opor resistência ao assédio perturbador.

algoz: carrasco, perseguidor

Ante a fraqueza que apresenta, o perseguidor faz-se cada vez mais dominador, induzindo-o de forma hipnótica a pôr termo à própria vida.

sintonia: correspondência entre a frequência vibratória de dois ou mais indivíduos, determinando uma ligação entre eles que resultará em pensamentos, sentimentos, comportamentos afins

Mas, é o caso de se perguntar: e a pessoa não tem nenhuma defesa quanto a isso? Sim, tem. Se a pessoa que é alvo da perseguição estiver em outra faixa vibratória, mais elevada, por conta de uma conduta equilibrada, digna, cultivar a oração, praticar o bem e estiver tentando a sua transformação moral com perseverança, se tiver fé em Deus, o obsessor encontrará obstáculos mentais e espirituais para a sintonia que pretende estabelecer e que o impedirão de atuar de forma nefasta. É que as dívidas que trazemos não precisam ser necessariamente quitadas perante a lei divina dessa maneira. No uso de seu livre-arbítrio, o ser humano, ao optar por uma conduta moral elevada e mantendo-se assim, com

livre-arbítrio: possibilidade de decidir, escolher em função da própria vontade, isenta de qualquer condicionamento, motivo ou causa determinante

determinação e perseverança, irá quitando os seus débitos por outros meios, que estão, como é óbvio, previstos na lei de causa e efeito. Por via de consequência, o obsessor, em observando a nova conduta daquele que foi possivelmente seu algoz ou comparsa, acabará por se convencer da inutilidade de seus propósitos, e embora venha ainda a perturbar-lhe a existência, não conseguirá instalar sua onda mental de forma a que lhe subjugue a vontade e a razão.

Outra situação, todavia, poderá ocorrer. Quando a pessoa, da qual o obsessor quer vingar-se, seja descrente da bondade divina, não cultivando a fé, dando campo às suas imperfeições que ressumam em forma de conduta maldosa, na qual estejam presente a inveja, a intriga, a agressividade e a violência, ou tenha uma conduta desequilibrada em que pontifiquem os vícios e os desregramentos, aí, sim, o campo espiritual será propício para a instalação de influências mentais negativas e obsessões de maior ou menor gravidade.

O processo obsessivo que leva uma criatura ao suicídio é, portanto, extremamente grave e evidencia estar no nível de subjugação mental e espiritual.

Recomendamos para maior aprofundamento desse importante assunto, inclusive com minuciosa abordagem sobre as gravíssimas consequências espirituais que o suicídio acarreta, a magistral obra psicografada pela médium Yvonne Pereira, *Memórias de um suicida* (FEB).

ressumar: manifestar(-se) de maneira evidente; revelar-se

pontificar: alcançar grande destaque dentre os similares

subjugação: ato ou efeito de manter ou adquirir domínio sobre

médium: indivíduo que atua como intermediário entre os planos espiritual e material

Psicose pós-parto

Ocorre após o parto e se caracteriza por delírios e depressão grave. Podem surgir pensamentos sobre a vontade de ferir o bebê recém-nascido e representam um perigo real.

A psicose pós-parto ocorre em 1 ou 2 em cada mil partos. O risco de que ocorra é aumentado se a paciente já tiver história de transtorno do humor ou uma doença mental subjacente.

Os estudos apontam para um possível conflito da mulher com sua experiência de vir a ser mãe. Pode ter sido uma gravidez não desejada ou por outras causas como um relacionamento conjugal difícil.

Os sintomas, em geral, surgem por volta do terceiro dia pós-parto. Incluem insônia, inquietação, fadiga, crises de choro, seguidas de preocupações obsessivas com a saúde do bebê e o fato de não o amar; evidência de pensamentos confusos, incoerentes. Em alguns casos, a ideia de querer feri-lo, ferir a si mesma ou a ambos. Podem ocorrer vozes ordenando à paciente que mate o bebê.

A psicose pós-parto é considerada uma emergência psiquiátrica.

Etiologia – a maioria das pacientes com esse transtorno tem uma doença mental subjacente, mais comumente o distúrbio bipolar. Pode ser resultante de uma síndrome cerebral orgânica, infecção, intoxicação por drogas, ou a súbita queda de níveis de hormônios.

> **fadiga:** cansaço
>
> **etiologia:** estudo das causas das doenças
>
> **distúrbio:** mau funcionamento de (órgão, função orgânica etc.)
>
> **síndrome:** conjunto de sinais e sintomas observáveis em vários processos patológicos diferentes e sem causa específica
>
> **súbito:** repentino, inesperado

Psicose pós-parto na visão espírita

Jorge Andréa considera que nas psicoses, mesmo que o tratamento alcance êxito, quase sempre ficarão marcas psicológicas de maior ou menor evidência. Ele menciona que o indivíduo

> passa a vida envolvido nos sintomas, alguns dos quais, por não terem o devido esgotamento no campo do exaustor físico (personalidade), perduram e refletem-se em outra jornada reencarnatória.[44]

Conhecemos alguns casos de mães que passaram por esse tipo de transtorno mental, que sempre nos pareceu muito doloroso, pois ficamos a imaginar a intensa luta interior que essas pessoas enfrentam. Para completar o drama imaginamos também o bebê tão frágil, Espírito recém-chegado ao plano terreno, ansiando por amor e cuidados, e recebendo os dardos dos pensamentos maternos com o cunho da rejeição, da mágoa e até do ódio, quando então ocorrem ideias nefastas de tirar-lhe a vida, e às vezes de suicidar-se em seguida.

É um processo extremamente grave que requer a orientação urgente do médico especializado, que prescreverá a medicação adequada, ou mesmo o internamento, visando a aliviar o dramático conflito. Dependendo da gravidade do problema e não havendo o internamento, não é raro ser necessário separar o bebê da mãe até que cessem os pensamentos, os impulsos destrutivos e ela seja capaz de tê-lo ao seu lado.

Mas, esse é um conflito que deixa realmente marcas muito profundas. Os anos passam, mas a rejeição ao filho continua, ainda que inconscientemente, e, como é óbvio,

---

44. Jorge Andréa dos Santos, *Visão espírita nas distonias mentais.*

a criança enfrentará dificuldades no período infantil cujas sequelas se refletirão mais tarde, através de conflitos os mais diversos, principalmente os de ordem psicológica.

Como explicar esse fato? Onde fica o instinto materno? Por que a mãe rejeita um filho com essa intensidade e pode ser completamente diferente e amorosa com outros que venha a ter? Qual a causa disso?

Somente o espiritismo tem a resposta satisfatória para aclarar esse terrível problema.

Como enfatizamos logo no início deste livro, a chave para a compreensão dos problemas que avassalam o ser humano é a reencarnação. Unicamente esse entendimento poderá explicar a significado profundo da psicose pós-parto.

Vejamos a questão 891 de *O livro dos Espíritos*, na qual Kardec aborda exatamente o assunto indagando aos Espíritos superiores:

> Estando em a natureza o amor materno, como é que há mães que odeiam os filhos e, não raro, desde a infância destes?
>
> "Às vezes, é uma prova que o Espírito do filho escolheu, ou uma expiação, se aconteceu ter sido mau pai ou mãe perversa, ou mau filho, noutra existência. Em todos os casos, a mãe má não pode deixar de ser animada por um mau Espírito que procura criar embaraços ao filho, a fim de que sucumba na prova que buscou. Mas, essa violação das leis da natureza não ficará impune e o Espírito do filho será recompensado pelos obstáculos de que haja triunfado."

sequela: efeito de uma causa; consequência, resultado

avassalar: causar devastação a; arrasar, destruir

expiação: sofrimentos físicos e morais consequentes de falta cometida

Com o texto que apresentaremos a seguir, extraído de *O evangelho segundo o espiritismo*, capítulo 14, item 8, ampliamos a nossa visão a respeito:

> Os que encarnam numa mesma família, sobretudo como parentes próximos são, o mais das vezes, Espíritos simpáticos, ligados por anteriores relações que se expressam por uma afeição recíproca na vida terrena. Mas, também pode acontecer sejam completamente estranhos uns aos outros esses Espíritos, afastados entre si por antipatias igualmente anteriores, que se traduzem na Terra por um mútuo antagonismo, que aí lhes serve de provação. Não são dos da consanguinidade os verdadeiros laços de família e sim os da simpatia e da comunhão de ideias, os quais prendem os Espíritos *antes, durante e depois* de suas encarnações.

mórbido: que origina, que causa doença

patológico: referente à patologia (qualquer desvio anatômico e/ou fisiológico, em relação à normalidade, que constitua uma doença ou caracterize determinada doença)

consoante: conforme

equânime: equitativo, imparcial

Portanto, a psicose pós-parto denota um profundo envolvimento do passado entre a mãe e o filho recém-nascido, ressumando emoções desequilibradas, sentimentos negativos perturbadores, cujas raízes estão em reencarnações anteriores, hoje desaguando em estados mórbidos, patológicos. São as sequelas de crimes que cometemos no passado, de paixões que culminaram em homicídios, duelos, enfim, nossas tendências e impulsos do presente ressaltam o que fomos e fizemos no passado.

A lei de causa e efeito é uma realidade em todo o universo, consoante o próprio Cristo ensinou, "a cada um segundo as suas obras" e a reencarnação é a parte prática dessa lei, que é justa e equânime para todos os seres humanos.

Esquizofrenia

Na opinião de Jung,

a investigação da esquizofrenia constitui uma das tarefas mais importantes da psiquiatria futura. O problema encerra dois aspectos, um fisiológico e um psicológico, pois, como se pode perceber, essa doença não se satisfaz com uma única explicação.[45]

Observemos o que diz o CP:

A esquizofrenia é considerada como a mais devastadora das doenças mentais, porque seu início ocorre cedo na vida do paciente e seus sintomas podem ser destrutivos para o paciente, para sua família e amigos. [...] A esquizofrenia compreende um grupo de transtornos com causas heterogêneas.

Como se pode verificar, comparando as conclusões mais modernas com o pensamento de Jung colocado no início, ele estava no caminho certo.

A idade de pico de aparecimento nos homens ocorre entre os 15 e os 25 anos de idade, e, para as mulheres, entre os 25 e 35 anos.

Aproximadamente 50% de todos os pacientes com esquizofrenia tentam o suicídio, e 10% têm sucesso. O que leva a isso é a sensação de vazio absoluto, a depressão, o desejo de escapar à tortura mental e por ouvir vozes que ordenam que o paciente se mate.

> **psiquiatria:** ramo da medicina que se ocupa do diagnóstico, da terapia medicamentosa e da psicoterapia de pacientes que apresentam problemas mentais

> **heterogêneo:** composto de elementos de diferente natureza

---

45. Carl G. Jung, *Psicogênese das doenças mentais* [parte final do artigo intitulado "Novas considerações sobre a esquizofrenia", publicado em 1959 e inserido nesta obra].

etiologia: estudo das causas das doenças

obsceno: que é contrário ao pudor; vulgar

Etiologia – "A etiologia da esquizofrenia é desconhecida. Muito provavelmente trata-se de um transtorno heterogêneo." [CP]

Muitas são as explicações para as causas da esquizofrenia. A dificuldade consiste porque os sintomas são bastante variados e mudam no mesmo paciente, com o tempo.

Características essenciais – relacionamos algumas: alucinações auditivas – vozes argumentando, discutindo, comentando sobre o paciente; palavras obscenas; alucinações visuais; ideias delirantes súbitas; posturas bizarras; afeto embotado; perda dos limites do ego (é a falta de um sentido claro sobre até onde vai o seu corpo, mente, influência e onde começam os de outros). O paciente pode acreditar que alguma entidade externa está controlando seus pensamentos ou comportamento; pode ser ao contrário: o paciente crê estar controlando os acontecimentos externos, por exemplo: fazendo o sol nascer, evitando terremotos. O paciente pode ter a ideia de que a tevê, os jornais, o rádio estão referindo-se à sua pessoa. Pode ter sensações de estados alterados em órgãos do corpo, tais como sensação de ardência no cérebro, sensação de corte na medula óssea.

mutismo: estado de não reatividade e de imobilidade, com uma especial ausência da necessidade de falar e de impulso verbal, que está presente nos casos de esquizofrenia e de histeria

Distúrbios no processo dos pensamentos: desagregação do pensamento, bloqueio do pensamento, dificuldade de atenção, de memória, ideias ilógicas, agitação, falta de controle dos impulsos (por exemplo: tomam o cigarro de outrem, trocam o canal da tevê, jogam comida no chão); falar demais ou o mutismo.

Segundo Jung, na esquizofrenia ocorre uma dissociação grave, uma cisão da personalidade, como um "espelho partido". A personalidade se desintegra, "tudo se passa como se

cisão: divisão

as fundações da psique cedessem, como se uma casa normal ruísse numa explosão ou terremoto."

Falando acerca de suas experiências, afirma o notável psiquiatra suíço:

> Faz justamente cinquenta anos que adquiri, ao longo da experiência prática, a convicção de que os distúrbios esquizofrênicos poderiam ser tratados e curados por meios psicológicos. Como pude observar, o paciente esquizofrênico se comporta em relação ao tratamento da mesma maneira que um neurótico. Possui os mesmos complexos, os mesmos *insights* e necessidades, mas não tem a mesma *solidez de estrutura*.

insight: capacidade demonstrada por um paciente, em maior ou menor grau, de reconhecer as deformações que seus pensamentos e sentimentos introduzem na realidade

Prossegue Jung comparando as características do neurótico e as do esquizofrênico, pois no primeiro a personalidade não perde a sua unidade e coerência, enquanto que o esquizofrênico

> deve sempre contar com a possibilidade de sua estrutura vir a ceder em algum ponto, que ocorra uma fragmentação incontrolável e suas ideias e conceitos possam perder a coerência com outras ideias bem como a consonância com outras esferas de associação ou com o mundo externo. Sente-se ameaçado por um caos incontrolável de acontecimentos casuais. Encontra-se num solo movediço e muitas vezes sabe disso.

Dissertando acerca do tratamento da esquizofrenia, ele ressalta algo muito importante, como vemos a seguir:

dissertar: expor algum assunto de modo sistemático, abrangente e profundo; discorrer

> O que, em última análise, importa no tratamento é o *sacrifício pessoal, a seriedade de propósito, a abnegação dos que tratam*. Vi resultados verdadeiramente milagrosos de enfermeiros e leigos

rapport: relação de simpatia, harmonia, conexão entre duas ou mais pessoas

cheios de compreensão que restabeleceram o *rapport* com o doente, graças, única e exclusivamente, à coragem pessoal e à dedicação paciente, conseguindo curas espantosas.[46]

Considerando-se a notável competência de Jung, tais palavras abrem uma porta de esperança para todos os que sofrem de esquizofrenia.

Sabe-se, atualmente, que a esquizofrenia não significa cisão da personalidade, pois isso expressaria uma dissociação mental, o que não ocorre, segundo as mais modernas conclusões a respeito. O termo passou a significar um quadro de sintomas típicos, incluindo alucinações, enganos, desordem de pensamentos e ausência de respostas emotivas, aliadas a fatores genéticos e tensões ambientais.[47]

A esquizofrenia na visão espírita

elucidar: esclarecer, explicar

aduzir: expor ou apresentar (razões, argumentos, provas etc.)

Elucidando essa questão tão complexa e dolorosa, Jorge Andréa afirma que quanto mais cedo for diagnosticada maior será a probabilidade de êxito, e aduz:

sintomatologia: estudo e interpretação do conjunto de sinais e sintomas observados no exame de um paciente

Na esquizofrenia, a sintomatologia mais comum consiste na redução do relacionamento interpessoal e mergulho num mundo próprio de fantasias delirantes, em características persecutórias, delírios de grandeza ou mesmo alucinações auditivas. Esses delírios de variada ordem são considerados originários nos próprios campos psíquicos do paciente; entretanto, podemos asseverar também existir, nesses doentes, possibilidade de

persecutório: em que há perseguição

---

46. Carl G. Jung, *Psicogênese das doenças mentais* [trecho do artigo publicado em 1958, intitulado "A esquizofrenia" e inserido nesta obra].

47. Segundo a psicanalista Lazir de Carvalho dos Santos.

autêntica fenomenologia mediúnica associada, causada por entidades desequilibradas. As sessões espíritas de desobsessão, realizadas por pessoas experientes e de bom senso, têm demonstrado a importância desses fatos, que não devem deixar de ser estudados e meticulosamente apreciados como severas reações cármicas em intercâmbio obsessivo. O portador do processo obsessivo realmente está absorvendo, à sua volta, a influência espiritual negativa, o que outros classificam de delírios próprios da doença. Nesses casos, será bem lógico dizer-se que os delírios pessoais existem, como, também, a percepção auditiva persecutória partindo de entidades espirituais reivindicadoras (desafetos pretéritos).[48]

desobsessão: *ação voltada à cura do processo obsessivo, em benefício do obsidiado e do obsessor*

meticulosamente: *de modo meticuloso (minucioso, preso a detalhes)*

cármico: *vinculado ao carma; resultado da lei da causalidade moral*

Z.R., uma moça de 26 anos, queixava-se que desde os seus treze anos de idade, onde quer que fosse havia alguém vigiando seus passos, inclusive quando tomava banho, ou quando ia dormir. Também dizia que esse alguém que a vigiava a torturava, em determinados momentos, fincando alfinetes longos em seu corpo enquanto ria de seu sofrimento. Isto a impedia de ter namorados, embora quisesse e se afligia por não conseguir manter um relacionamento. Vinha acompanhada por seu pai, pois moravam fora da cidade e ele a trazia de carro. O pai esclareceu que o diagnóstico do médico foi esquizofrenia, mas que ele, por ter algum conhecimento acerca do espiritismo, estava convencido de que a filha apresentava um processo obsessivo. Durante dois anos ela recebeu o tratamento espiritual. Foi constatada a presença de Espíritos perseguidores que ao serem doutrinados desistiram de atormentá-la. Houve significativa e rápida melhora e Z.R., sendo uma moça muito bonita, logo começou a namorar,

---

48. Jorge Andréa dos Santos, *Visão espírita nas distonias mentais.*

mas o rapaz de outra religião acabou convencendo-a a acompanhá-lo à sua igreja, o que redundou no seu afastamento. Caso ocorrido em 1990. Não mais tivemos notícias.

P.R., um rapaz de 19 anos, filho de conceituada família da sociedade local, veio três ou quatro vezes ao Centro Espírita Ivon Costa, no início dos anos 1980. Apresentava-se muito agitado e pedia ajuda, pois se acreditava perseguido por uma famosa rede de tevê; dizia que esta o acompanhava por todo lado, tomando conta de seus atos e filmando tudo o que fazia. Falava com muita agitação e em dado momento misturava ideias dizendo trazer dentro do peito uma bomba prestes a explodir. Que ele e todas as pessoas estavam em perigo constante. Mas, sua permanência era rápida, não conseguia ficar parado, não chegou a apresentar detalhes pois não havia coerência no que dizia. Passamos a orar por ele nas reuniões e ficamos sabendo, através de orientação espiritual, ter sido ele uma pessoa de grande inteligência em reencarnação anterior, tendo participado da Segunda Guerra Mundial, quando então utilizou de sua capacidade intelectual de forma cruel, torturando pessoas. Seus delírios eram expressões desse passado. Nunca mais voltou, mas não o esquecemos e oramos por ele ainda hoje.

Manoel Philomeno de Miranda apresenta em seu livro *Loucura e obsessão* a palavra esclarecedora do benfeitor espiritual Dr. Bezerra de Menezes, que aprofunda o entendimento acerca da esquizofrenia:

> Como sabemos, a esquizofrenia é enfermidade muito complexa, nos estudos da saúde mental. As pesquisas psiquiátricas, psicanalíticas e neurológicas têm projetado grande luz às

terapêuticas de melhores resultados nas vítimas dessa terrível alienação. No entanto, há ainda muito campo a desbravar, em razão de as suas origens profundas se encontrarem ínsitas no Espírito que delinque. A consciência individual, representando, de algum modo, a Cósmica, não se poupa, quando se descobre em delito, após a liberação da forma física, engendrando mecanismos de autorreparação ou que lhe são impostos pelos sofrimentos advindos da estância do além-túmulo.

Afetando o equilíbrio da energia espiritual que constitui o ser eterno, a consciência individual imprime, nas engrenagens do perispírito, os remorsos e turbações, os recalques e conflitos que perturbarão os centros do sistema nervoso e cerebral, bem como os seus equipamentos mais delicados, mediante altas cargas de emoção descontrolada, que lhe danificam o complexo orgânico e emocional.

Noutras vezes, desejando fugir à sanha dos inimigos, o Espírito busca o corpo como um refúgio, no qual se esconde, bloqueando os centros da lucidez e da afetividade, que respondem como indiferença e insensibilidade no paciente de tal natureza. [...]

Rigidez, desagregação do pensamento, ideias delirantes, incoerência são algumas alterações do comportamento esquizofrênico, originadas nos recessos do Espírito que, mediante a aparelhagem fragmentada, se expressa em descontrole, avançando para a demência, passando antes pela fase das alucinações, quando reencontra os seus perseguidores espirituais que ora vêm ao desforço. Sejam, portanto, quais forem os fatores que propiciam a instalação da esquizofrenia, no homem, o que desejamos é demonstrar que o Espírito culpado é o responsável pela alienação que padece no corpo, sendo as suas causas atuais consequências diretas ou não do passado.

---

terapêutica: terapia (método apropriado para tratar determinada doença)

alienação: loucura

desbravar: explorar

ínsito: que é um constitutivo ou uma característica essencial de uma coisa

delinquir: praticar falta grave; agir de forma criminosa ou delituosa

engendrar: dar existência a; gerar

perispírito: corpo espiritual; envoltório semimaterial do Espírito

sanha: fúria, ira

desforço: desafronta, desagravo, vingança

propiciar: proporcionar as condições para a realização de (algo)

Infere-se, pois, comparando-se a opinião de Jung acima citada com as explicações dos benfeitores espirituais e as de Jorge Andréa, que aqueles que padecem de esquizofrenia têm no tratamento espiritual possibilidades de reajustamento, dependendo, como é evidente, de cada caso, mas o que representa significativa possibilidade de melhoria e, quem sabe, de cura, especialmente quando o transtorno estiver sendo provocado ou intensificado por Espíritos perseguidores. Leve-se ainda em conta, conforme menciona Jung, que a dedicação e até o sacrifício pessoal dos que os tratam, e cita enfermeiros e leigos, influencia decididamente no processo de recuperação e cura dos pacientes.

As psicoses são doenças da alma ou do Espírito, expressando os graves comprometimentos do passado, especialmente na área intelectual, gerando a inarmonia psíquica de hoje.

Autismo

acometer: manifestar-se em

interação social: comunicação entre pessoas que convivem; diálogo, trato, contato

espectro: campo

síndrome: conjunto de sinais ou de características que, em associação com uma condição crítica, são passíveis de despertar insegurança e medo

ecolalia: forma de afasia (enfraquecimento ou perda do poder de captação, de manipulação e por vezes de expressão de palavras como símbolos de pensamentos, em virtude de lesões em alguns centros cerebrais e não por causa de defeito no mecanismo auditivo ou fonador) em que o paciente repete mecanicamente palavras ou frases que ouve

ESCLARECIMENTOS DO DR. JANO ALVES DE SOUZA:

O autismo é uma desordem do desenvolvimento do funcionamento cerebral relativamente frequente, acometendo dois a cinco indivíduos em cada dez mil. O quadro clínico é marcado por um comprometimento grave da interação social e da linguagem verbal e não verbal, além de um estreitamento do espectro de interesses e atividades, iniciando antes dos três anos de vida. O retardo mental, embora frequente, não é um aspecto obrigatório, havendo indivíduos que revelam capacidade prodigiosa para funções como memorização, cálculos e música, a despeito de conservarem suas características autísticas.[49]

Em 1943, Leo Kanner, em seu clássico ensaio *"Autistic disturbances of affective contact"* ("Distúrbios autísticos de contato afetivo"), cunhou o termo "autismo infantil" e forneceu uma descrição clara e abrangente da síndrome da primeira infância. Ele descreveu crianças que exibiam extrema solidão autista, incapacidade para assumir uma postura antecipatória, desenvolvimento da linguagem atrasado ou desviante, com ecolalia e inversão de pronomes (usando "você" por "eu"), repetições monótonas de sons ou expressões verbais,

---

49. In: Hermínio C. Miranda, *Autismo – uma leitura espiritual*.

capítulo 6

excelente memória de repetição, limitação na variedade de atividades espontâneas, estereotipias e maneirismos, pavor de mudanças, relações anormais com pessoas e preferências por figuras ou objetos inanimados. [CP]

Informa o CP que o autismo é encontrado com maior frequência em meninos.

Etiologia – o transtorno autista é um transtorno do desenvolvimento e do comportamento.

Há uma tendência em se considerar o transtorno autista associado a condições com lesões neurológicas, especialmente rubéola congênita, como também sugere que as complicações da gravidez o possam propiciar, significando, nesse caso, anormalidades nas migrações celulares nos primeiros meses de gestação. [CP]

Outras anormalidades estão sendo pesquisadas, inclusive as bioquímicas.

O autismo na visão espírita

O consagrado escritor espírita Hermínio Miranda reúne em sua magistral obra *Autismo – uma leitura espiritual*, diferentes e excelentes pesquisas de famosos especialistas acerca do assunto, comentando-as e apresentando, inclusive, depoimentos de pessoas autistas e, por sua vez, trazendo a

estereotipia: comportamento verbal ou motor repetitivo, produzido de forma quase automática, sem relação com a situação, e de aparência absurda

maneirismo: afetação nos modos, na linguagem, no estilo

etiologia: estudo das causas das doenças

propiciar: proporcionar as condições para a realização de (algo)

abordagem espiritual desse transtorno. Essa obra é leitura obrigatória para aqueles que desejem inteirar-se a respeito do tema.

Ao narrar casos de autistas, cita, dentre outros, o de Temple Grandin, uma das mais notáveis autistas de que se tem conhecimento.

A própria Temple descreve a sua condição de autista em seu primeiro livro, escrito em parceria com Margareth M. Scariano, e que, segundo Hermínio, é um dramático e comovente depoimento.

A despeito de sua condição, Temple conquistou um PhD em ciência animal, leciona na Colorado State University e se tornou uma empresária muito bem-sucedida: um terço de todas as instalações da poderosa indústria da carne nos Estados Unidos foi projetado por ela.

Relatando o seu caso pessoal, Temple Grandin assinala que o notável educador William Carlock (de Berry Creek, Califórnia) é um dos responsáveis pelo seu êxito em canalizar as fixações autistas para projetos construtivos. Ela enfatiza que Carlock "não tentou arrastar-me para o mundo dele, mas, em vez disso, veio para o meu mundo".

Temple considera a si própria como uma evidência de que "certas características do autismo podem ser modificadas e controladas". Explica que é possível alcançar um nível razoável de funcionamento nas "crianças autistas que adquirem significativa destreza verbal antes dos cinco anos de idade".

destreza: habilidade

Ao enfocar o aspecto espiritual, Hermínio Miranda cita que a doutora Helen Wambach admite conotações cármicas no autismo e "sugeriu, na década de 1970, que o autismo poderia sinalizar uma rejeição à reencarnação, ou seja, a uma nova existência terrena".

cármico: vinculado ao carma; resultado da lei da causalidade moral

Comentando a interface espiritual do autismo, Hermínio discorre sobre o espírito, perispírito, mente, a realidade espiritual, encaminhando o leitor para a lógica argumentação do espiritismo.

Ao apresentar suas conclusões, o autor ressalta:

perispírito: corpo espiritual; envoltório semimaterial do Espírito

> Estou convencido de que avanços mais significativos na melhor definição da etiologia do autismo continuem na dependência da aceitação do ser humano como entidade espiritual preexistente, sobrevivente e reencarnante. Essa realidade constitui, a meu ver, um conjunto inseparável de fenômenos e conceitos insuscetíveis de utilização isolada. Ela precisa ser aceita em bloco, sem mutilações. Isso não significa que a ciência deva adotar conceitos teológicos. E nem precisa fazê-lo, ainda que isto seja desejável. Que trabalhe apenas com as evidências que, certamente, encontrará.

insuscetível: que não é suscetível (que envolve possibilidade de certa coisa ou de certa qualidade)

Em outro aspecto importante da conclusão menciona:

> Há que se considerar, ainda, o problema ainda não examinado, de um componente mediúnico no autista, ou seja, a existência nele ou nela de faculdades extrassensoriais. Destaco esse aspecto para item especial porque sua abordagem implica adoção, muito mais traumática para o ambiente científico, da realidade espiritual, que tem sido sistematicamente ignorada.[50]

extrassensorial: que está fora do alcance dos órgãos dos sentidos ou além dos limites da percepção ordinária

Apraz-nos citar agora a palavra de Chico Xavier sobre o autismo.

Conta o escritor Carlos Baccelli, que, num sábado de 1981, no Grupo Espírita da Prece, aproximou-se do Chico um casal,

aprazer: causar ou sentir prazer; contentar(-se), agradar(-se)

---

50. Hermínio C. Miranda, *Autismo – uma leitura espiritual.*

médium: indivíduo que atua como intermediário entre os planos espiritual e material

convulsão: contração patológica, involuntária, de grandes áreas musculares

passe: ato de impor as mãos sobre alguém com o objetivo de transmitir-lhe fluidos benéficos

atenuar: tornar menos intenso; abrandar, amenizar

tecer: expressar verbalmente; dizer

o pai levando nos braços uma criança de um ano e meio de idade, acompanhados por conhecido médico espírita de Uberaba. Este, adiantando-se, explicou o caso ao médium: a criança, desde o nascimento, sofria de convulsões, tendo que ficar sob controle de medicamentos, o que a fazia permanecer dormindo a maior parte do tempo e por consequência ela mal engatinhava e não falava.

Chico perguntou ao médico qual era o seu diagnóstico, sendo informado que ele considerava ser um caso de autismo. Chico apoiou, dizendo ser acertada a conclusão e após conversarem um pouco a respeito da medicação, o médium recomendou o tratamento de passes, que muito atenuariam o caso e ali mesmo orou em favor do pequeno enfermo.

Os pais retiraram-se reconfortados. Chico, voltando-se para o médico e outros companheiros presentes, passou a tecer explicações em torno do autismo. Vejamos como ele ensina:

O autismo é um caso muito sério, podendo ser considerado uma verdadeira calamidade. Tanto envolve crianças quanto adultos... Os médiuns também, por vezes, principalmente os solteiros, sofrem desse mal, pois que vivem sintonizados com o mundo espiritual, desinteressando-se da Terra.

É preciso que alguma coisa nos prenda no mundo, porque senão perdemos a vontade de permanecer no corpo...

Vejam bem: o que é que me interessa na Terra? A não ser a tarefa mediúnica, nada mais. Dinheiro, eu só quero o necessário para sobreviver; casa, eu não tenho o que fazer com mais de uma... Então eu procuro me interessar pelos meus gatos e cachorros. Quando um adoece ou morre eu choro muito, porque se eu não me ligar em alguma coisa eu deixo vocês...

Ele ainda considerou que,

muitos casos de suicídios têm as suas raízes no autismo, porque a pessoa vai perdendo o interesse pela vida e inconscientemente deseja retornar à pátria espiritual, e, para se libertar do corpo, que considera uma verdadeira prisão, força as portas de saída.

E o Chico falou ao médico:

É preciso que os pais dessa criança conversem muito com ela, principalmente a mãe. É necessário chamar o Espírito para o corpo. Se não agirmos assim, muitos Espíritos não permanecerão na carne, porque a reencarnação para eles é muito dolorosa.

Concluindo, Baccelli diz:

O Espírito daquela criança sacudia o corpo que convulsionava, na ânsia de libertar-se.

Sem dúvida, era preciso convencer o Espírito a ficar. Tentar dizer-lhe que a Terra não é tão cruel assim. Que precisamos trabalhar pela melhoria do homem.[51]

A respeito do autismo, encontramos preciosa elucidação do instrutor espiritual Manoel Philomeno de Miranda, na obra *Loucura e obsessão*, que ao narrar o caso de Aderson classifica-o como fenômeno auto-obsessivo, cujas características são bem marcantes.

> **elucidação:** ato ou efeito de esclarecer, explicar
>
> **auto-obsessão:** ação persistente e maléfica que o indivíduo exerce sobre si mesmo

---

51. Carlos Baccelli, *Chico Xavier à sombra do abacateiro.*

Ele menciona que Aderson padecia de autismo grave e bem avançado e que mereceu atenção e cuidados do Dr. Bezerra de Menezes. Este esclarece os motivos que levaram o enfermo a tal situação, enfatizando ser um processo de autopunição decorrente de crimes perpetrados em existência anterior.[52]

---

52. Divaldo Franco, Manoel Philomeno de Miranda (Espírito), *Loucura e obsessão*.

O autismo é um caso muito sério, podendo ser considerado uma verdadeira calamidade. Tanto envolve crianças quanto adultos... É preciso que alguma coisa nos prenda no mundo, porque senão perdemos a vontade de permanecer no corpo...

Visão espírita dos transtornos mentais

esquizofrenia: quadro de sintomas típicos, incluindo alucinações, enganos, desordem de pensamentos e ausência de respostas emotivas, aliadas a fatores genéticos e tensões ambientais

equânime: justo, equitativo, imparcial

paradoxo: aparente falta de nexo ou de lógica; contradição

NEUROSES, PSICOSES, ESQUIZOFRENIAS, EM SEUS VÁrios aspectos, apresentam-se com maior ou menor gravidade, dependendo do enfermo, de suas condições pessoais, familiares e do meio em que vive, mas, acima de tudo, expressam a posição evolutiva de cada Espírito.

A justiça divina é perfeita, portanto equânime, conforme o próprio mestre Jesus asseverou, "a cada um segundo as suas obras". Nos códigos divinos não existem imperfeições, privilégios, castigos, perseguições ou vinganças – embora assim pense a maioria das criaturas, que atribuem a Deus, como punição impiedosa, as provações que enfrentam na vida terrena.

Visão acanhada e estreita esta, na qual o Pai do céu é tido como o mais cruel dos seres, capaz de condenar seus filhos ao inferno, para arder no fogo eterno, contrastando profundamente com os ensinamentos do Cristo, que para muitos é o próprio Deus. Se isso fosse verdadeiro, seria o maior dos paradoxos, pois se ele veio à Terra pregar o amor e o perdão age de maneira oposta ao reger o universo. Isto significa que ele só foi misericordioso enquanto esteve encarnado na personalidade Jesus.

O espiritismo explica e o bom senso aprova, que Deus, o criador do universo é o pai de todas as criaturas; assim, Jesus e todos os demais seres humanos são seus filhos. Entretanto,

capítulo 7

as pessoas, conforme essa estreiteza de raciocínio (compreensível, pois denota os múltiplos estágios evolutivos), ao projetarem suas próprias deficiências em Deus, O tornam um ser tão imperfeito que O temem, em vez de amá-Lo. Por isso proclamam-se tementes a Deus, como se isso O sensibilizasse e agradasse. Bem, não é de todo destituída de razão tal afirmativa, pois sendo Deus como O imaginam, seria mesmo urgente e imprescindível agradá-Lo, evitando de todas as maneiras possíveis que se contrarie com Seus filhos terrenos.

Durante milênios, a inteligência humana manteve-se engessada, e ai de quem ousasse pensar fora dos parâmetros convencionados.

A concepção espírita, todavia, é oposta a essa e esclarece que Deus é amor, na perfeita síntese enunciada por João, o evangelista.

A partir de *O livro dos Espíritos* dissipa-se a cortina da ignorância que nos toldava a visão, graças às revelações dos Espíritos superiores, trazidas ao plano terrestre no momento certo, quando boa parte da humanidade já estava mais amadurecida para essa notável mudança de mentalidade.

Entretanto, como toda mudança estrutural do pensamento humano implica abandonar velhos conceitos, derrubar paradigmas e tabus, mexer com o comodismo intelectual das pessoas fazendo-as pensar em outra direção, consistindo,

denotar: mostrar, indicar através de sinais ou indícios

imprescindível: necessário; que não é prescindível (renunciável, dispensável)

parâmetro: padrão, regra, princípio

dissipar: fazer desaparecer; desfazer, dispersar

toldar: tornar obscuro, tornar cego

paradigma: um exemplo que serve como modelo; padrão

tabu: interdição cultural e/ou religiosa quanto a determinado uso, comportamento, gesto ou linguagem

letárgico: referente a ou próprio de letargia (incapacidade de reagir e de expressar emoções; apatia, inércia e/ou desinteresse)

livre-arbítrio: possibilidade de decidir, escolher em função da própria vontade, isenta de qualquer condicionamento, motivo ou causa determinante

bojo: escopo, campo

magno: que pela importância se sobrepõe a tudo que lhe é congênere; de grande relevância

insculpir: fixar na memória; gravar, inscrever

consoante: conforme

sequela: efeito de uma causa; consequência, resultado

distonia: doença, transtorno (qualquer perturbação da saúde)

---

enfim, no despertar do sono letárgico da ignorância e conferindo a cada indivíduo a responsabilidade de caminhar com os próprios pés no exercício consciente de seu livre-arbítrio, a resistência se faz presente e prevalece ainda, trazendo no seu bojo a preguiça mental, a acomodação e o medo à liberdade.

Mas, à medida que a inquietude, a insatisfação interior e a ânsia de descobrir respostas satisfatórias para as magnas questões da vida crescem, o ser humano, à semelhança do filho pródigo da parábola, levanta-se e inicia a viagem ao seu mundo interior, reencontrando-se com a lei divina, insculpida em sua consciência, procedimento este que o levará à conquista do reino dos céus, consoante a promessa de Jesus.

A viagem de retorno à casa do Pai, conquanto inevitável, é longa e demorada, como longos foram os dias em que nos distanciamos, correndo atrás de ilusões e do supérfluo, sem atendermos à nossa essência espiritual.

O tempo é hoje. Nossa bagagem não deixa margem a dúvidas pelas sequelas que expressam. Enfermidades mentais e físicas são efeitos de atos anteriores, realizados sob o império da insensatez em reencarnações pretéritas.

A dor, como diz Joanna de Ângelis, não tem uma função punitiva, mas educativa. Ninguém nos julga, a não ser a nossa própria consciência. Esta é a razão do sentimento de culpa – que é universal, segundo os psicólogos, como Rollo May, por exemplo – da sensação que vem do inconsciente e impede as criaturas de se sentir com o direito de ser felizes. Voltaremos a essa questão mais adiante.

Repetimos que não estamos, absolutamente, negando a existência das distonias mentais sem que haja a presença de Espíritos provocando ou agravando-as. Ao contrário, nosso objetivo é exatamente evidenciar isso aos que se dedicam ao atendimento das pessoas nas casas espíritas, para que não incorramos no excesso de tudo atribuir aos Espíritos. Inclusive citamos, em capítulos anteriores, alguns casos de transtornos mentais em que não havia esse tipo de interferência espiritual, mas cujas raízes encontravam-se em reencarnação anterior.

Um transtorno mental, antes de mais nada, denota o comprometimento da pessoa, melhor dizendo, do Espírito, que reencarnou trazendo as sequelas de desvios graves do passado e que ressumam, no atual corpo físico, com limitações e perturbações de vária ordem.

ressumar: manifestar(-se) de maneira evidente; revelar-se

Que não estranhem os que não conhecem os princípios doutrinários ante essas afirmativas. Tal não significa algum tipo de preconceito, não estamos rotulando quem quer que seja, isso porque, sabemos nós, os espíritas, estar o nosso planeta em patamar inferior na classificação dos mundos, conforme Allan Kardec em *O evangelho segundo o espiritismo*, capítulo 3. Portanto, toda a coletividade terrena apresenta comprometimentos graves, o que se reflete na trajetória individual de cada um.

patamar: posição ou estado em que se encontra

A humanidade que habita a Terra está no patamar de provas e expiações, que neste âmbito se apresenta em inumeráveis gradações e cada ser humano evidencia o seu próprio estágio evolutivo dentro desse imenso panorama.

Yvonne Pereira, a notável médium fluminense, em seus depoimentos inseridos no livro *Recordações da mediunidade*, refere-se a uma pergunta feita ao nobre Espírito Dr. Bezerra de Menezes, na qual enfoca exatamente o tema em pauta. Vejamos a interessante pergunta e a excelente orientação recebida:

médium: indivíduo que atua como intermediário entre os planos espiritual e material

As doenças são sempre vinculadas a problemas espirituais? Mesmo aquelas que têm substrato orgânico?

substrato: essência, natureza íntima

Dr. Bezerra respondeu:

Certamente, meus amigos, com algumas exceções. As exceções podem ser: fadiga mental, depressões nervosas ocasionadas por algum fator patológico, impurezas do sangue, sífilis e outras de fácil verificação. A própria loucura de origem alcoólica poderá ter causa espiritual, visto que o alcoólatra poderá ser um obsidiado, ou atrair afins espirituais que lhe compliquem os distúrbios.

Mas nem todas as doenças mentais têm origem na obsessão, embora sejam de origem psíquica. O mundo espiritual é intensíssimo e os homens estão longe de compreender sua intensidade. Por sua vez, o ser psíquico, o perispírito inclusive, e, acima de tudo, a mente, são potências inimagináveis para os homens. Assim sendo, os sentimentos de um desencarnado atingirão intensidades indescritíveis se esse ser não for bastante equilibrado, ou evoluído, para dirigi-las normalmente. A fim de compreendermos o que se seguirá, porém, devemos ter em mente que o perispírito é ligado ao corpo físico, na encarnação, pela rede de vibrações nervosas e a este dirige como potência equilibradora. O remorso, por exemplo, que é um dos mais avassaladores sentimentos, e que, no estado de desencarnação de um Espírito, chegará a enlouquecê-lo, poderá levar o Espírito a reencarnar em estado vibratório precário, por excitado, deprimido, alucinado, desesperado etc. E, assim sendo, ele carreará para o corpo que habitar predisposições para acentuado desequilíbrio nervoso, intoxicações magnéticas que mais tarde redundarão em doença mental, onde até visões (do passado em que delinquiu) existirão, ao choque de uma possível fadiga mental, de uma emoção forte ou até de excessos de qualquer natureza, inclusive o excesso sexual e até o alimentar. *Seu aspecto será o de um obsidiado. No entanto, ele é obsidiado apenas por sua "memória profunda", que vinculou sua personalidade humana.*

---

fadiga: cansaço

patológico: referente à patologia (qualquer desvio anatômico e/ou fisiológico, em relação à normalidade, que constitua uma doença ou caracterize determinada doença)

sífilis: doença infecciosa, geralmente transmitida por contato sexual, caracterizada por lesões da pele e mucosas

alcoólatra: indivíduo viciado em bebidas alcoólicas; especialistas contemporâneos consideram mais adequado o uso do termo "alcoólico" ou "alcoolista" ou "dipsomaníaco"

carrear: ser a causa de ou trazer consigo; ocasionar, acarretar

delinquir: praticar falta grave; agir de forma criminosa ou delituosa

Se houve remorso, houve crime, delinquência. E, se houve crime, a consciência desarmonizada consigo mesma, desarmonizará todo o ser e de muitas formas. A mente enferma refletirá sua anormalidade sobre o perispírito, que é dirigido por ela, e este sobre o corpo carnal, que é escravo de ambos, através do sistema nervoso. E eis aí a "doença mental com substrato orgânico vinculada a problemas espirituais", mas não propriamente a obsessão na sua feição comum.[53] [grifos nossos]

Sentimento de culpa

É oportuno direcionar a nossa atenção, agora, para um tema que interessa a todos, o sentimento de culpa. Mencionamos atrás que este é considerado de caráter universal, pois existe não apenas no adulto, mas também no adolescente e até na criança.

caráter: qualidade peculiar; especificidade, cunho

Filósofos, teólogos, poetas têm procurado explicar a presença do sentimento de culpa, as causas de sua existência no íntimo do ser humano.

Alguns afirmam que ele representa o conflito entre a natureza animal e a espiritual do homem. Que expressa a conscientização da distância entre a perfeição e o estado imperfeito do ser humano. O pensamento platônico grego encara-o como um conflito entre o corpo e a alma.

platônico: relativo ou pertencente ao filósofo Platão ou ao seu pensamento, o platonismo

Para Rollo May, esse sentimento indica a existência de uma contradição na personalidade humana e menciona que o homem é tanto da terra quanto do espírito.

---

53. Yvonne A. Pereira, *Recordações da mediunidade.*

Segundo Kant e outros pensadores, quando surge no homem o senso dos imperativos morais absolutos, ele adquire a ideia de perfeição, ele vislumbra

imperativo: aquilo que se impõe por ser um dever ou uma necessidade irresistível

a forma da beleza perfeita.

A contradição no homem é, assim, prova da presença de Deus na natureza humana.

O homem, como o conhecemos existencialmente, é condicionado, finito e imperfeito. Mas está essencialmente ligado a Deus e essa relação faz surgir os elementos do incondicionado, infinito e perfeito.[54]

dissertar: expor algum assunto de modo sistemático, abrangente e profundo; discorrer

Os benfeitores espirituais têm dissertado sobre essa questão da consciência de culpa em várias obras da literatura mediúnica. Citamos o pensamento de Joanna de Ângelis ao enfocar o tema em um de seus livros.

Analisando a situação do homem em face dos erros cometidos, a certa altura ela diz:

perpetrar: cometer, praticar

Ninguém que o acuse a respeito dos erros e delitos perpetrados, punição alguma que lhe chegue de fora, exigindo-lhe reeducação. A sua própria consciência, que desperta, encarrega-se de reexaminar a ação maléfica e, automaticamente, impõe-lhe o dever de resgatar, programando o roteiro reparador. Mesmo quando pessoa alguma tomou conhecimento do erro, ela sabe e, porque está em sintonia com a Divindade, expressando as leis de Deus que conserva inscritas, somente se harmoniza quando se desobriga do compromisso elevado, retificador.

---

54. Rollo May, *A arte do aconselhamento psicológico.*

Quando o tempo urge e não pode ser reparado, o prejuízo causado a si mesmo e ao próximo, à ordem geral e à vida, transfere de uma para outra existência, insculpido em forma de culpa. [...]

urgir: não admitir demora ou atraso

Reencarnado, o Espírito culpado sofre-lhe a injunção, amargurando-se, embora o aparente êxito que esteja desfrutando, autoacusando-se e sempre ciente de que nada merece, inclusive, não pode ter o direito de ser feliz. [...]

insculpir: fixar na memória; gravar, inscrever

Somente um meio existe para alguém liberar-se da *consciência de culpa*, que é o trabalho de dedicação ao dever, de reconstrução interior mediante o auxílio a si mesmo e à sociedade, na qual se encontra.

injunção: imposição, exigência, pressão

De alguma forma, quase todas as criaturas trazem marcadas na consciência profunda os sinais das suas grandezas, assim como das próprias misérias que decorrem do longo processo evolutivo. [...]

Não há, na Terra, pessoa alguma que se encontre sem haver passado pelo caminho do erro para acertar, da sombra para alcançar a luz, do sofrimento para melhor amar...

A única exceção é Jesus, que transitou sem culpa e ofereceu-se por amor, para ensinar sublimação pelo sacrifício.

Consciência de culpa é porta aberta para a reparação e não para a descida ao abismo do sofrimento.[55]

André Luiz, o estimado benfeitor espiritual, apresenta-nos preciosos ensinamentos através de suas obras, no tocante aos transtornos mentais, desvendando as causas geradoras do sofrimento, ao tempo em que nos propicia lições de elevado valor.

propiciar: proporcionar as condições para a realização de (algo)

---

55. Divaldo Franco, Joanna de Ângelis (Espírito), *Sendas luminosas.*

esquizofrenia: termo geral que designa um conjunto de transtornos mentais com sintomas típicos, incluindo alucinações, enganos, desordem de pensamentos e ausência de respostas emotivas, aliadas a fatores genéticos e tensões ambientais

ensimesmado: voltado para dentro de si mesmo; concentrado, recolhido

atroz: cruel

vergastar: golpear com vergasta (vara delgada e flexível usada para açoitar); chicotear, açoitar

calcinar: abrasar, inflamar, causar grande agitação

Em suas mais tocantes páginas a respeito do tema, vamos encontrá-lo dissertando sobre a esquizofrenia e a loucura, atreladas ao sentimento de culpa, conforme registra em seu excelente livro *No mundo maior*.

Ele narra o drama de Fabrício, assinalado como um caso declarado de esquizofrenia. Convidado pelo instrutor espiritual Calderaro a observar a situação do enfermo, já idoso, André Luiz tem o ensejo de constatar as causas profundas do transtorno esquizofrênico.

A postura do enfermo denotava o seu estado mental:

Ensimesmado, Fabrício não se dava conta do que ocorria no plano externo. Braços imóveis, olhos parados, mantinha-se distante das sugestões ambientes, no íntimo, todavia, a zona mental semelhava-se a fornalha ardente. A imaginação superexcitada detinha-se a ouvir o passado...

[...] O doente ouvia as vozes internas, ansioso, amargurado. Desejava desfazer-se do pretérito, pagaria pelo esquecimento a qualquer preço, ansiava fugir de si próprio, mas em vão: sempre as mesmas recordações atrozes vergastando-lhe a consciência.

André reconhece que o doente deveria estar duelando consigo mesmo desde muitos anos.

Calderaro explica-lhe que Fabrício "está no limiar da loucura", narrando, em seguida, o crime praticado por ele contra seus três irmãos ao roubar-lhes a herança paterna, mesmo tendo prometido ao pai, em seu leito de morte, que haveria de cuidar deles com desvelo. Algum tempo depois o remorso começou a calcinar-lhe a consciência, pois com sua atitude relegou-os à extrema miséria, o que os levou à morte ainda muito cedo. Com a fortuna nas mãos entregou-se a prazeres e divertimentos, até que, cansado, resolveu imprimir novo rumo à sua vida. Casou-se com uma mulher de elevada posição espiritual, com a qual teve três filhos, dedicando-se, então, à família com devotamento, o que significou algum mérito para ele. Entretanto, as lembranças de seus atos, o arrependimento tardio, ocasionaram-lhe grande tormento, acabando por situá-lo em condição mental extremamente negativa e desequilibrada. Passou a desconfiar de todos:

> Sentindo-se incriminado no tribunal da própria consciência, começou a ver perseguidores em toda a parte. Adquiriu, assim, fobias lamentáveis. Para ele, todos os pratos estão envenenados. Desconfia de quase todos os familiares e não tolera as antigas relações.

fobia: medo exagerado; aversão

O instrutor explicou que o enfermo iria desencarnar em breve, devido a problemas cardíacos, enfatizando, porém, que o resgate de Fabrício já se havia iniciado, pois o seu único neto era o próprio pai que retornara. Um menino de oito anos surge no quarto a pedido do avô. Era Fabricinho. Segue-se um diálogo carinhoso entre ambos.

Calderaro apontou para a criança e esclareceu:

> Este menino é o ex-pai de Fabrício, que volta ao convívio do filho delinquente pelas portas benditas da reencarnação. É o único neto do enfermo e, mais tarde, assumirá a direção dos patrimônios materiais da família, bens que inicialmente lhe pertenciam. A lei jamais dorme.

Vemos nesse caso o remorso e o arrependimento por um crime cometido na própria existência. Isso não significa, contudo, que todos os distúrbios esquizofrênicos tenham

distúrbio: mau funcionamento de (órgão, função orgânica etc.)

gênese: origem, causa

alienado mental: aquele que sofre loucura, perda da razão em virtude de perturbações psíquicas, tornando-se uma pessoa inapta para a vida social

elucidar: esclarecer, explicar

essa gênese. Na grande maioria dos casos são delitos perpetrados em vidas anteriores.

Em capítulo posterior, no mesmo livro, André Luiz relata a sua visita a um "grande instituto consagrado ao recolhimento de alienados mentais", no plano terreno. São apresentadas algumas pessoas demenciadas, e Calderaro, ao elucidar a situação em que se encontram, afirma:

> Excetuados os casos puramente orgânicos, o louco é alguém que procurou forçar a libertação do aprendizado terrestre, por indisciplina ou ignorância. Temos neste domínio um gênero de suicídio habilmente dissimulado, a autoeliminação da harmonia mental, pela inconformação da alma nos quadros de luta que a existência humana apresenta. Diante da dor, do obstáculo ou da morte, milhares de pessoas capitulam, entregando-se, sem resistência, à perturbação destruidora, que lhes abre, por fim, as portas do túmulo.

engendrar: dar existência a; formar, gerar

pungitivo: que punge (fere, magoa); que sofre; sofredor

revolver: examinar minuciosamente

Mais adiante, o assistente explica que nem todas as pessoas estão nesta situação espiritual, enfatizando que para muitas são provas retificadoras, embora cada uma tenha engendrado o "pungitivo drama em si mesma".

Concluindo o importante esclarecimento, Calderaro completa:

> Para que se efetue a jornada iluminativa do espírito é indispensável deslocar a mente, revolver as ideias, renovar as concepções e modificar, invariavelmente, para o bem maior, o modo íntimo de ser, tal qual procedemos com o solo na revivificação da lavoura produtiva ou com qualquer instituto humano em reestruturação para o progresso geral. [...]

Estudamos aqui, André, a messe das sementeiras, assim do presente, como do passado. Ponderamos não só a aprendizagem de uma existência efêmera, mas também a romagem da alma nos caminhos infinitos da vida, da vida imperecível que segue sempre, vencendo as imposições e as injunções da forma, purificando-se e santificando-se cada dia.[56]

Também é da benfeitora espiritual Joanna de Ângelis o texto a seguir, quando apresenta as causas espirituais das enfermidades em geral, englobando em sua lúcida explicação as de ordem física, psíquica e espiritual, da seguinte forma:

Na interação existente entre espírito–matéria, mente–corpo, qualquer distúrbio no ser causal, logo se abrem campos para a instalação de enfermidades. [...]

Assinalado pelas realizações pretéritas, que se encontram ínsitas nos campos vibratórios de si mesmo, o Espírito é o fulcro de onde procedem todas as energias, que se expandem através do perispírito, correspondendo às necessidades da evolução. Como consequência, o corpo somático torna-se vulnerável à instalação das doenças, como fruto dos erros perpetrados no seu passado próximo ou remoto.

Deste modo, a enfermidade é resultado da dissonância vibratória que se origina no ser profundo, na mente, abrindo área para a manifestação dos desequilíbrios físicos, emocionais e psíquicos.

Somente a harmonia do pensamento, não cultivando ideias morbosas, pessimistas, carregadas de miasmas degenerativos, pode proporcionar a preservação da saúde. Não obstante, ocorre que, mesmo mantendo-se essa harmonia íntima, surgem

---

56. Francisco C. Xavier, André Luiz (Espírito), *No mundo maior*.

---

messe: aquilo que se colhe, que se obtém; ganho, conquista

efêmero: breve

romagem: trilha percorrida (no correr dos tempos)

imperecível: perene, imortal

interação: influência mútua

ínsito: que é um constitutivo ou uma característica essencial de uma coisa

fulcro: parte essencial ou mais importante; ponto básico, núcleo

morboso: que causa doença

miasma: exalação pútrida

degenerativo: que provoca perda ou deterioração das qualidades originais

deperecer: perder gradativamente a força; enfraquecer-se, debilitar-se, definhar

toxina: substância tóxica

jaez: natureza ou qualidade fundamental; tipo específico; conjunto de traços ou características

distonia: doença, transtorno (qualquer perturbação da saúde)

processos desgastantes, viróticos, que deperecem a constituição física, proporcionando a presença das moléstias, porque as causas desencadeadoras se encontram registradas nos recessos do ser, exteriorizando-se como impositivo reparador, de que necessita o Espírito para liberar-se das toxinas psíquicas, que remanescem dos atos infelizes praticados.

A doença é, portanto, um mecanismo expurgatório, através do qual são eliminadas as cargas de energia perturbadora, que foram assimiladas pelas ondas do ódio, da traição, do crime de qualquer jaez e permaneceram produzindo distonia interna, até expressar-se na indumentária corporal. [...]

O mesmo ocorre no que diz respeito ao indivíduo psíquico, porquanto compromissos graves na área moral se transformam em dolorosos processos de inquietação, em decorrência da *consciência de culpa* fixada no mundo íntimo, ou transtornos neuróticos, psicóticos e de variada denominação.

E Joanna finaliza afirmando:

A construção do bem incessante, o cultivo das ideias dignificadoras são recursos valiosos para a preservação da saúde.[57]

---

57. Divaldo Franco, Joanna de Ângelis (Espírito), *Sendas luminosas.*

*A enfermidade é resultado
da dissonância vibratória
que se origina no ser profundo,
na mente, abrindo área para a
manifestação dos desequilíbrios
físicos, emocionais
e psíquicos. A construção
do bem incessante, o cultivo
das ideias dignificadoras
são recursos valiosos para
a preservação da saúde.*

As obsessões

obsessão: ação mental persistente e maléfica que um indivíduo exerce sobre outro

imprescindível: necessário; que não é prescindível (renunciável, dispensável)

equanimidade: equidade, imparcialidade, neutralidade

inexorável: inflexível, inelutável

fatalismo: destino inevitável

patamar: posição ou estado em que se encontra

AO DEMONSTRAR, ESCLARECER, TRATAR E LIBERTAR O ser humano das teias da obsessão, o espiritismo presta à humanidade uma de suas mais avançadas contribuições. Ao desvendar o complexo campo das obsessões, proporciona às criaturas os meios, recursos e condições não apenas para o tratamento adequado, mas, sobretudo, da prevenção.

É imprescindível reafirmar que o objetivo maior da doutrina dos Espíritos é sempre promover o ser humano, seja em que situação for ou estiver, mas não se restringe a prometer uma vida de possíveis benefícios celestiais após a morte, e sim a conquista da felicidade plena, que está ao alcance de cada um através das sucessivas reencarnações.

Este projeto de vida é tão grandioso que não marginaliza ou exclui nenhum dos filhos de Deus; trata a todos com equanimidade; distribui assim o amor e a justiça divina a todos os seres do universo. Evidencia que a escalada evolutiva acontecerá, mais cedo ou mais tarde, e dela ninguém escapará, pois o impulso para a felicidade existe em cada um de nós, propelindo-nos a buscá-la através do inexorável fatalismo que nos levará à perfeição.

É maravilhoso constatar que à medida que o ser ascende a patamares mais altos, maior se torna a motivação que o invade de também contribuir para que outros despertem,

capítulo 8

sejam conscientizados, encontrem o caminho que nos conduzirá ao Pai.

Olhando o panorama terreno com as lentes da acuidade espiritual, constatamos a terrível poluição ambiental que parece prevalecer sobre tudo o mais em nosso planeta. Todavia, não percebemos unicamente os poluentes químicos, tóxicos, prejudiciais, mas, especialmente, os de ordem moral que se alastram, contagiam e impregnam as mentes com seu baixo teor vibratório. Mentes inquietas, imaturas, invigilantes, desequilibradas absorvem os poluentes morais, que despertam os instintos, açulam as emoções inferiores, deixando as criaturas entregues às sensações primitivas como se usufruí-las fosse o único móvel da vida.

Mas, o que é extremamente estimulante é saber que este não é um quadro irreversível, é saber que nas profundezas abissais da vida terrena existe e ocorre um fantástico processo de fermentação para a conquista de uma nova era. A dinâmica universal está revolvendo as estruturas da mentalidade que privilegia a corrupção, os vícios, a violência, o crime, a miséria moral e física, mentalidade esta que parece prevalecer, para que, em expondo as suas chagas, propicie a drenagem e a cicatrização definitiva de todas essas feridas, no inevitável processo de regeneração da humanidade.

acuidade: grande capacidade de percepção

impregnar: entranhar, fixar-se profundamente

açular: provocar ou intensificar

móvel: causa, razão de ser; motivo

abissal: enorme, imenso

revolver: examinar minuciosamente

propiciar: proporcionar as condições para a realização de (algo)

levedar: aperfeiçoar

forjar: criar, elaborar

torvelinho: redemoinho

pungente: doloroso

molestar: causar sofrimento, aflição

O processo regenerador está sendo fermentado, pois o fermento do amor jamais deixou de levedar as almas, buscando em cada uma a essência divina latente.

Isto requer tempo. Mas, o tempo é um dos instrumentos de Deus para forjar o novo ser.

Em meio ao torvelinho de conflitos, angústias e tumultos em que se debate a criatura humana, sobressaem, como um dos seus mais pungentes dramas, as obsessões.

Assédios acontecem. Assediar é perseguir com insistência, diz o dicionário. Também significa importunar, molestar.

Pessoas assediam pessoas. Importunam, molestam, perseguem, com intenções malévolas, até mesmo muito cruéis.

Pessoas desencarnadas assediam pessoas encarnadas.

Se estas se deixam seduzir, tornando-se passivas, ou se lutam para impedir que o cerco se feche e não conseguem, se tentam fugir mas não têm forças e acabam dominadas, se o medo invadir-lhes a alma, o perseguidor terá conseguido o seu intento. Assim se inicia a obsessão.

No princípio era o assédio, hoje o tormento da obsessão.

Podemos imaginar o que é ter alguém a nosso lado, em nossa casa, importunando, implicando, agredindo, molestando o tempo todo? Como se livrar disso? Que fazer? Entretanto, essa é uma situação da qual, às vezes, a pessoa pode se livrar com tranquilidade.

aturdir: perturbar a mente ou os sentidos, dificultar o raciocínio

conturbado: perturbado

intrusivo: que resulta da ação de se introduzir, sem direito ou por violência

Mas, se isso ocorre no âmbito mental, a tortura é ainda maior. E pode ser muito mais difícil livrar-se disso. Pensamentos e ideias estranhas brotam na mente. Desconfiança, insegurança, medo, raiva, ciúme revestem emocionalmente tais ideias que se repetem, repetem, obsessivamente.

A pessoa se aturde, fica confusa, ante tantos pensamentos conturbados. Sente que são intrusivos, mas não sabe ou não consegue dominá-los, substituí-los ou matá-los.

Eis o drama da obsessão.

Agravando-se o processo hipnótico com a repetição constante das ideias negativas, chega-se à subjugação.

Allan Kardec, pesquisando as causas profundas dos processos obsessivos e suas consequências, indaga:

> A subjugação corporal, levada a certo grau, poderá ter como consequência a loucura?
>
> "Pode, a uma espécie de loucura cuja causa o mundo desconhece, mas que não tem relação alguma com a loucura ordinária. Entre os que são tidos por loucos, muitos há que apenas são subjugados; precisariam de um tratamento moral, enquanto que com os tratamentos corporais os tornam verdadeiros loucos. Quando os médicos conhecerem bem o espiritismo, saberão fazer essa distinção e curarão mais doentes do que com as duchas."[58]

Emmanuel, desdobrando os ensinamentos básicos do Codificador, acrescenta:

> A mente que se dirige a outra cria imagens para fazer-se notada e compreendida, prescindindo da palavra e da ação para insinuar-se, porquanto, ambientando a repetição, atinge o objetivo que demanda, projetando-se sobre aquela que procura influenciar. E, se a mente visada sintoniza com a onda criadora lançada sobre ela, inicia-se vivo circuito de força, dentro do qual a palavra e a ação se incumbem de consolidar a correspondência, formando o círculo de encantamento em que o obsessor e o obsidiado passam a viver, agindo e reagindo um sobre o outro.[59]

---

58. Allan Kardec, *O livro dos médiuns*.
59. Francisco C. Xavier, Emmanuel (Espírito). *Pensamento e vida*.

subjugação: processo obsessivo mais grave; o obsessor influencia o indivíduo de tal modo que passa a comandar a mente e a vontade do obsidiado

Codificador: denominação dada a Allan Kardec por ter codificado (reunido numa só obra textos, documentos etc.) o ensino dos Espíritos, dando origem à doutrina espírita

prescindir: passar sem; renunciar a, dispensar

obsessor: indivíduo que exerce influência mental sobre outro de modo persistente e maléfico

obsidiado: indivíduo que sofre o processo de obsessão

leira: extensão maior ou menor de terreno; gleba

ridente: que se mostra fértil, vivo, em que há vida, vigor; vicejante, viçoso

imperativo: aquilo que se impõe por ser uma necessidade irresistível

indene: que não sofreu dano; livre de prejuízo

sintonia: correspondência entre a frequência vibratória de dois ou mais indivíduos, determinando uma ligação entre eles que resultará em pensamentos, sentimentos, comportamentos afins

digladiar: combater, lutar

litígio: conflito de interesses; disputa

deletério: danoso, nocivo, degradante

Autores espirituais – pela via mediúnica – e autores encarnados têm continuamente alertado e esclarecido o assunto, lançando sementes de luz ante as trevas da ignorância.

Ignorar, desconsiderar, desdenhar, subestimar tal evidência (a obsessão) é agravar o mal e permitir que se alastre.

Assim, é da maior importância prosseguir divulgando e despertando consciências. Muitas estão na ânsia da espera, à busca de respostas. São leiras fertéis, terrenos que podem ser fecundados pelas sementes de vida eterna, que brotarão como promessas ridentes para o amanhã farto de bênçãos.

O Pai sabe a hora certa de cada um. As sementes lançadas produzirão quando for o agora. O momento é de Deus.

A elucidação final é de Joanna de Ângelis:

Toda fixação indevida nos processos mentais e emocionais em torno de pessoas, fatos e coisas converte-se em estado perturbador do comportamento, empurrando o indivíduo para os transtornos de ordem neurótica assim como psicótica. [...]

À medida que constituem imperativo dominador, tornam-se obsessões que passam a inquietar o indivíduo, levando-o a estados mais graves na área da saúde mental. [...]

Ninguém foge da própria consciência, que é o campo de batalha onde se travam as lutas da reabilitação ou os enfrentamentos da regularização de atitudes malsãs.

Por isso, ainda são o controle mental e a educação do pensamento que podem representar a eficiente terapia de prevenção de distúrbios, como a curadora dos processos de ordem espiritual, desde que, ao alterar a faixa vibratória por onde transitam as ideias, se superiores, eleva-se, ficando indene à sintonia com os seres atrasados, e, se negativas, passam a frequentar os níveis onde se encontram e se digladiam as energias e sentimentos em constante litígio, vinculando-se a essas emissões deletérias, que terminam por afetar o organismo físico e os complexos mecanismos mentais, responsáveis pelo conjunto produtor da saúde.[60]

Vícios e obsessão

No dia em que cheguei ao fundo do meu alcoolismo, caí de joelhos. Não o fiz voluntariamente, nem planejei que acontecesse. Não acordei naquela manhã e disse para mim mesma: "Hoje, eu vou me render." A experiência da impotência absoluta veio rolando para a minha vida e me derrubou. *Fui rendida* por uma força maior do que a parte de mim que se estava segurando fazia muito tempo. Naquele dia, na sala mal iluminada e rosada do centro de tratamento para dependência química, entreguei-me. Enquanto uma tempestade invernal uivava do lado de fora, abandonei a ilusão de que estava tudo bem, de que eu era diferente, que não tinha os mesmos problemas que os outros ao meu redor, que lutavam contra os seus vícios. Abandonei a miragem que me dizia que eu não tinha problemas com a bebida, embora cada aspecto da minha vida estivesse desintegrando-se.

O alcoolismo me olhou diretamente nos olhos. *Sou uma alcoólatra*. Havia compreendido meus piores medos: *Sou como eles*. Senti o fundo do meu estômago cair. *Sou como essas pessoas nojentas, fedorentas, barulhentas e desleixadas que sempre desprezei. Não sou diferente dos alcoólatras que conheci na vida, nos filmes e nas ruas, que julguei e odiei durante anos.* Nas profundezas da humilhação intensa, senti minhas resistências, condenações e defesas ruírem à medida que eu olhava para minha situação com mais clareza do que nunca. *Estou completa e inteiramente*

> **alcoólatra:** indivíduo viciado em bebidas alcoólicas; especialistas contemporâneos consideram mais adequado o uso do termo "alcoólico" ou "alcoolista" ou "dipsomaníaco"

---

60. Divaldo Franco, Joanna de Ângelis (Espírito), *Vida, desafios e soluções*.

fora de controle. Estraguei a minha vida. Estou cansada e doente. Não posso continuar assim. Eu desisto.

Sentada, chorando na cama, joelhos pressionados contra o peito, senti minha vida escapar. Com imagens mentais em cores e com um forte fluxo de emoções fluidas, vi-me e senti-me desaparecer. De uma vez só, os papéis que interpretei no mundo, o meu trabalho, as ilusões, jogos e as negações que limitavam minha loucura de viciada foram para longe, caindo em algum buraco negro sem fundo. A casca de quem eu era estava apodrecendo, indo embora. Eu já não conseguia segurar-me. Estava total e inequivocamente derrotada. Chorei diante desse terrível evento. Chorei de medo do que aconteceria em seguida. Lamentei a perda de uma identidade que era familiar, a personalidade que havia sido percebida como eu. E logo as lágrimas de tristeza e medo se tornaram um dilúvio de alívio, alívio de já não precisar jogar o jogo do alcoólatra. Eu já não precisava fingir. [...]

Esse processo de chegar ao fundo, de acabar com a ilusão de controle da situação, é um passo necessário para sair da dor do vício. A experiência da rendição é a chave para a redenção, o portal para a recuperação, a cura e a descoberta do nosso potencial espiritual. [...]

Quando nos rendemos, "soltamo-nos totalmente", como diz o livro *Alcoólicos Anônimos*. Tudo o que pensávamos ser – todos os relacionamentos e pontos de referência, todos os jogos do ego, todas as defesas, resistências e negações – desaba. O que permanece é a natureza essencial do que somos. O poder avassalador das nossas dependências, as pessoas, lugares, coisas ou atividades que transformamos nos nossos deuses dão lugar à presença da nossa verdadeira fonte divina, nossa personalidade mais profunda.[61]

Esse é um trecho do importante e corajoso livro de Christina Grof, *Sede de plenitude,* no qual descreve a sua árdua e dolorosa luta contra o alcoolismo. Esposa de um dos mais eminentes cientistas de nossa época, Stanislav Grof, um dos fundadores da psicologia transpessoal, Christina expõe nesse livro toda a dramática jornada que percorreu, narrando sua infância sofrida, o vício, até a recuperação, a redescoberta e o caminho espiritual.

Vício, segundo o dicionário,

> defeito grave que torna uma pessoa ou coisa inadequada para certos fins ou funções. Inclinação para o mal [nesta acepção opõe-se à virtude]. Desregramento habitual. Libertinagem, devassidão. Qualquer deformação física ou funcional. Costume prejudicial.

psicologia transpessoal: *abrange o ego, como as demais escolas de psicologia, e os estados além do ego (transpessoal); tem entre seus objetos de trabalho e pesquisa os estados não ordinários de consciência*

Nesse amplo espectro do vício, raros são os seres humanos que não se veem retratados em uma de suas facetas. De uma ou outra forma ainda cultivamos algum tipo de vício.

espectro: *campo*

Vícios expressam situações e conflitos psicológicos. Desajustes de ordem emocional que levam o indivíduo a buscar algum tipo de fuga que possa amenizar a sua dor de viver, a sua perplexidade ou negação da vida, os seus medos e inseguranças.

Tendências existem e externam-se como preferência, gosto, vontade, desejo, que a mídia se encarrega de induzir, atrair, instigar, provocar. Ou a própria sociedade ao expor

---

61. Christina Grof, *Sede de plenitude – apego, vício e o caminho espiritual.*

hábitos e costumes viciosos, nocivos, destrutivos, que consomem os indivíduos, que se deixam consumir por não enxergar outras alternativas.

Vícios são males da civilização, mas, acima de tudo, expressam a nossa inclinação para o mal. Evidenciam a nossa posição mental inferior, que nos leva a preferências prejudiciais, negativas. Há maior probabilidade de optarmos por condutas destrutivas do que as que não o são. Deixamo-nos seduzir por facilidades que julgamos ter algo que ver com felicidade. Isto denota também a nossa imaturidade espiritual.

A esse respeito, os instrutores espirituais, em resposta à questão 790, em *O livro dos Espíritos*, esclareceram a Kardec que "o homem não passa subitamente da infância à maturidade". Elucidaram, na sequência, que os sinais para se reconhecer uma civilização completa seriam os inerentes ao desenvolvimento moral. E aduziram:

> Credes que estais muito adiantados porque tendes feito grandes descobertas e obtido maravilhosas invenções; porque vos alojais e vestis melhor do que os selvagens. Todavia, não tereis verdadeiramente o direito de dizer-vos civilizados, senão quando de vossa sociedade *houverdes banido os vícios que a desonram e quando viverdes como irmãos, praticando a caridade cristã.* Até então, sereis apenas povos esclarecidos, que hão percorrido a primeira fase da civilização. [grifos nossos]

Um fator da maior importância e cujo conhecimento acreditamos ser a base para uma mudança significativa de mentalidade é o de que o ser humano é um Espírito imortal. Todos somos Espíritos reencarnados, habitando um corpo físico, dando-lhe vida, mas esta, a vida terrena, é extremamente frágil, impermanente e breve. As ilusões do mundo disfarçam

---

denotar: mostrar, indicar através de sinais ou indícios

elucidar: esclarecer, explicar

inerente: que é próprio ou característico de algo

aduzir: expor ou apresentar (razões, argumentos, provas etc.)

e impedem a visão da realidade. No instante, porém, que essas se desfazem, em que se percebe o que é real, muitos não suportam e preferem fugir através dos vícios, buscando entorpecer e adormentar os sentidos para que não tenham que enfrentar a si mesmos e o inevitável processo de viver.

Atualmente (e infelizmente) os vícios são adornados, enfeitados como promessa de momentos felizes, de prazer elevado ao máximo, do auge da excitação quando a adrenalina invade o organismo dando uma sensação de potência, de poder extremo.

Adultos viciados iniciam crianças nos mesmos vícios que os estão destruindo.

Kalina e Kovadloff alertam para essa "conduta tóxica".

Milhões e milhões de criaturas empenham-se num *projeto de morte enquanto pensam ter um projeto de vida*. Dormem o sono multimilenar da alma, sem se conscientizar do sentido da vida, do que são e do quanto é possível realizar. Nessa inconsciência fingem que estão felizes. Mas a taça do prazer apresenta-se inesgotável e é preciso saciar todos os instintos, seja como for. Iludem-se supondo que felicidade é viajar no embalo de um vício qualquer, seja este o sexo irresponsável, pervertido e desenfreado ou uma frenética viagem do *ecstasy*, que está sendo consumido cada vez mais pela juventude em seu inconsciente projeto de morte.

Os autores argentinos retrocitados chamam a esse tipo de vida, com muita propriedade, de "as cerimônias da destruição".[62]

E nós nos perguntamos: até onde isto nos irá levar? O que poderá impedir que essa gigantesca vaga venha a se quebrar na praia de cada um de nós?

---

62. Eduardo Kalina, Santiago Kovadloff, *As cerimônias da destruição*.

adormentar: fazer perder ou enfraquecer (a viveza, a percepção das sensações); diminuir (a sensibilidade)

adrenalina: hormônio secretado pela medula das glândulas suprarrenais e fundamental no mecanismo da elevação da pressão sanguínea; importante na produção de respostas fisiológicas rápidas do organismo aos estímulos externos

frenético: em grande agitação; convulso

ecstasy: substância derivada da anfetamina, usada ilegalmente por suas propriedades alucinógenas, euforizantes e estimulantes

vaga: onda

gueto: reduto de qualquer grupo segregado ou marginalizado

incauto: diz-se de ou aquele que não tem cautela; descuidado, imprudente, ingênuo

adormentado: desprovido de vigor, de ação; entorpecido

Por via de consequência, os guetos da miséria se alargam, não têm fronteiras, alastra-se a miséria moral e campeiam os vícios, muitos deles, repetimos, maquiados, perfumados, embalados para presente a fim de atrair os incautos, os jovens, as crianças. Ou em jogos de sedução onde o prazer é a busca máxima e constante, ideia fixa e obsessiva a dominar as mentes adormentadas e atormentadas.

Neste lamentável quadro estão incluídas, como é óbvio, as obsessões.

Uma pergunta lógica surge: o que têm que ver os vícios e as obsessões?

Têm tudo.

Obsessores ou perseguidores são Espíritos que atormentam os seres humanos, como já sabemos. Não são seres diferentes, não são demônios no sentido que se empresta a essa palavra, e sim pessoas que viveram na Terra e que retornaram ao plano espiritual. Carregam suas paixões, vícios, virtudes – suas conquistas, enfim, pode-se dizer, tudo o que cada um é.

Tudo o que somos, eis o nosso passaporte para a vida na espiritualidade. Traduz a nossa condição moral e de acordo com esta estaremos em regiões inferiores, medianas ou superiores, nos campos da vida eterna.

Espíritos viciados, dependentes químicos, dependentes morais de determinadas condutas viciosas ao se desvestirem da roupagem carnal prosseguem com os mesmos desejos e paixões. A irrefreável (por enquanto) dependência leva-os a procurar entre os encarnados aqueles com os quais se afinizam, que apresentem a mesma situação, a fim de se locupletarem através deles daquilo por que tanto anseiam.

Como é óbvio, a presença de Espíritos viciados intensifica o desejo, a dependência do encarnado que passa a ingerir ou

locupletar: tornar(-se) cheio; cumular, encher(-se), abarrotar(-se)

a agir cada vez mais compulsivamente. Tal quadro é muito doloroso e de difícil erradicação.

Acrescenta-se ainda o fato de que a tendência para algum tipo de vício pode ser

condicionamentos passados fortemente fixados nos tecidos sutis do Espírito (que) ressurgem como incontidas impulsões, que se transformam em vigorosos senhores dos que lhes padecem a injunção.

É o que informa Joanna de Ângelis. Ela esclarece que esses condicionamentos constituem imperiosos tormentos e são fortalecidos pelos maus hábitos, estimulados pela insensatez e cultivados pela permissividade social.

Em seguida, a mentora, dirigindo-se ao leitor, conclama: "Seja sob qual aparência os descubras em ti, não lhes dês trégua." E cita como exemplos que a mentira habitual pode transformar-se, mais adiante, em calúnia; uma taça ou um copo de bebida pode ser o caminho para uma séria dependência; uma queda moral momentânea abre as portas da dignidade à corrupção, advertindo que a prevenção é o melhor remédio.[63]

É oportuno mencionarmos como Joanna explica o processo da dependência química:

Fixando-se nas estruturas mui sutis do perispírito, em processo vigoroso, os estupefacientes desagregam a personalidade, porquanto produzem na memória anterior a liberação do subconsciente que invade a consciência atual com as imagens torpes e deletérias das vidas pregressas, que a misericórdia da

---

63. Divaldo Franco, Joanna de Ângelis (Espírito). *Leis morais da vida*.

---

compulsivamente: de modo que envolve compulsão (imposição interna irresistível que leva o indivíduo a realizar determinado ato ou a comportar-se de determinada maneira)

injunção: imposição, exigência, pressão

permissividade: qualidade do que é permissivo (desregrado, tolerante para com certos comportamentos não recomendados)

perispírito: corpo espiritual; envoltório semimaterial do Espírito

estupefaciente: entorpecente

memória anterior: memória de existências passadas

deletério: danoso, nocivo, degradante

jazer: ficar, encontrar-se

incursão: investida, invasão

conturbado: perturbado

lôbrego: em que há pouca ou nenhuma claridade; escuro, sombrio

grassar: multiplicar-se por reprodução; propagar-se, espalhar-se

distúrbio: mau funcionamento de (órgão, função orgânica etc.)

dédalo: labirinto, complicação

coercitivo: coercivo (que exerce repressão)

terapêutica: terapia (método apropriado para tratar determinada doença)

transato: passado

---

reencarnação faz jazer adormecidas... De incursão em incursão no conturbado mundo interior, desorganizam-se os comandos da consciência, arrojando o viciado nos lôbregos alçapões da loucura que os absorve, desarticulando os centros do equilíbrio, da saúde, da vontade, sem possibilidade reversiva, pela dependência que o próprio organismo físico e mental passa a sofrer, irresistivelmente...[64]

Em relação às obsessões, ensina Joanna de Ângelis:

Sutil e perigosa, a obsessão grassa, alarmante, disfarçada de transtornos psiconeuróticos vários, particularmente a depressão e o distúrbio de pânico, avolumando-se nos tormentos sexuais em desregramento, assim como nas dependências químicas de natureza diversificada.

Decorrente da assimilação das energias perturbadoras exteriorizadas pelos Espíritos em sofrimento ou perseguidores, por afinidade mental e moral, a obsessão arrasta multidões aos dédalos de aflições coercitivas, que estão a exigir terapêutica especializada e cuidadosa.

Na raiz de todo desafio obsessivo encontra-se pulsante o ser endividado que, não tendo adquirido valores éticos substanciais, é compelido por automatismos vibratórios a sintonizar-se com aqueles desencarnados que lhe são semelhantes, sejam-lhe as vítimas transatas ou outros que se lhe assemelham.[65]

---

64. Divaldo Franco, Joanna de Ângelis (Espírito). *Após a tempestade.*
65. Idem, *Sendas luminosas.*

Na raiz de todo desafio obsessivo encontra-se pulsante o ser endividado que, não tendo adquirido valores éticos substanciais, é compelido por automatismos vibratórios a sintonizar-se com aqueles desencarnados que lhe são semelhantes, sejam-lhe as vítimas transatas ou outros que se lhe assemelham.

Transstornos mentais na infância

psiquiatria: ramo da medicina que se ocupa do diagnóstico, da terapia medicamentosa e da psicoterapia de pacientes que apresentam problemas mentais

psicopatológico: relativo ou pertencente à psicopatologia (ramo da medicina que estuda as modificações do modo de vida, do comportamento e da personalidade de um indivíduo, que se desviam da norma e/ou ocasionam sofrimento e são tidas como expressão de doenças mentais)

disfunção: distúrbio da função

síndrome: conjunto de sinais ou de características que, em associação com uma condição crítica, são passíveis de despertar insegurança e medo

SÃO DOLOROSOS OS CASOS DE TRANSTORNOS MENTAIS na infância, alguns a se manifestar desde o berço, acarretando para a criança e seus pais sofrimentos e preocupações constantes.

A psiquiatria abrange vasta área desses problemas infantis e é extensa a classificação das categorias psicopatológicas, dentre as quais incluem-se: disfunção cerebral orgânica, transtorno de personalidade, ansiedade e conflito neurótico, transtorno do humor, problemas de temperamento, retardo mental, depressão repetida e excessiva, transtorno do desenvolvimento etc. [CP]

Deixamos de citar uma relação de 35 síndromes mais graves associadas com deficiências múltiplas, que o CP apresenta, além de outras.

O autismo infantil, mencionado em capítulo anterior, é considerado como decorrente de causas neurológicas. A esquizofrenia raramente se inicia na infância, e quando isto ocorre é a partir dos cinco anos de idade.

Muitos desses transtornos do desenvolvimento infantil estão bastante relacionados com a psicologia, que consegue obter excelentes respostas quando no tratamento clínico.

capítulo 9

Transtorno mental na infância e a visão espírita

Diante dessas situações extremamente aflitivas, que surgem quando do nascimento de um filho ou no período da infância, vêm também as perguntas angustiadas dos pais: Por quê? Por que o nosso filho? O que ele fez para merecer, o que fizemos nós? Por que Deus castiga assim as criancinhas?

Ao enfocarmos esse tema, mais do que nunca, deve-se ter em mente uma premissa básica: a criança é um Espírito reencarnado.

Isto porque ao vermos um bebê sendo embalado nos braços de sua mãe, ou quando esta o está ensinando os primeiros passos, momento em que a fragilidade da criança é tão visível, é difícil imaginarmos que ali está, de retorno ao proscênio terrestre, um Espírito com uma bagagem multimilenar.

Um bom observador, todavia, já anotaria alguns aspectos característicos dessa criança, a expressar-se no seu bom ou mau humor, no seu grau de irritabilidade, nas suas reações que o choro evidencia, ou no temperamento plácido, calmo, revelando assim os primeiros indícios dos traços que irão compor-lhe a personalidade. Esses, em pouco tempo, serão marcantes, tornando-se peculiares a ponto de distinguir um ser humano do outro.

Hermínio Miranda escreveu um livro lindo e notável, chamando a atenção para esse fato cabal, *Nossos filhos são Espíritos*.

esquizofrenia: termo geral que designa um conjunto de transtornos mentais com sintomas típicos, incluindo alucinações, enganos, desordem de pensamentos e ausência de respostas emotivas, aliadas a fatores genéticos e tensões ambientais

psicologia: ciência que trata dos estados e processos mentais, do comportamento do ser humano e de suas interações com um ambiente físico e social

proscênio: palco, arena, cenário

plácido: brando, suave, tranquilo

indício: sinal, indicação

A compreensão profunda quanto a isso irá facilitar aos pais a aceitação de um filho que lhes chega aos braços apresentando terríveis e dolorosas patologias, ou as que se apresentem no decurso do tempo.

Quanto mais grave for o problema de que a criança é portadora, mais se evidencia a lógica dos esclarecimentos espíritas. Sem as chaves para o entendimento dos sofridos problemas humanos, Deus será sempre visto, percebido, admitido como alguém com muitos defeitos, pior que a maioria dos seus próprios filhos, pois é capaz de castigar crianças indefesas e frágeis, com os mais cruéis tormentos; será sempre acusado como responsável pelas calamidades existentes no nosso planeta e, ainda mais, pelos filhos também cruéis e cheios de defeitos que pôs no mundo para aterrorizar a vida daqueles que são inocentes, pacatos e que nada têm que ver com isso. Deus, assim, é um ser temível, aterrador, com defeitos absurdos e, para nossa maior desgraça, não há nada que indique que Ele vá melhorar e se tornar pelo menos mais humano...

Outra, contudo, é a visão de Deus que o espiritismo proporciona, conforme fizemos menção em páginas anteriores.

menção: citação, referência

Em nosso atual estágio evolutivo temos Jesus, como modelo e guia, mais próximo a nós, que trouxe à humanidade a suprema mensagem de amor que jamais foi ensinada e exemplificada.

O Mestre ensinou que "devemos amar a Deus sobre todas as coisas".

Onde houver, pois, a dor, a perda, o sofrimento, compreendamos que são nossas opções de ontem refletindo-se no hoje atormentado, que complicamos nossa vida e agora estamos diante do que semeamos. Mas, o Pai do céu, em Seu infinito amor, nos ampara e em Sua solicitude nos reergue para o recomeço, porque nenhuma de suas ovelhas se perderá.

A obsessão na infância

[...] todo berço de agora retrata o ontem que passou.

EMMANUEL[66]

Os processos obsessivos podem acontecer também na fase infantil, assim como ocorre com os transtornos mentais e enfermidades diversas.

A respeito deste assunto, encontramos em *O livro dos Espíritos* preciosas elucidações quanto à criança. Vejamos, por exemplo, a afirmativa que se segue na questão 199-a:

> Aliás não é racional considerar-se a infância como um estado normal de inocência. Não se veem crianças dotadas dos piores instintos, numa idade em que ainda nenhuma influência pode ter tido a educação? Algumas não há que parecem trazer do berço a astúcia, a felonia, a perfídia, até pendor para o roubo e para o assassínio, não obstante os bons exemplos que de todos os lados se lhes dão?
>
> Donde a precoce perversidade, se não da inferioridade do Espírito, uma vez que a educação em nada contribuiu para isso? As que se revelam viciosas, é porque seus Espíritos muito pouco hão progredido. Sofrem, então, por efeito dessa falta de progresso, as consequências, não dos atos que praticam na infância, mas dos de suas existências anteriores.

---

66. Francisco C. Xavier, Emmanuel (Espírito), *Pensamento e vida*.

obsessão: ação mental persistente e maléfica que um indivíduo exerce sobre outro

elucidação: ato ou efeito de esclarecer, explicar

astúcia: habilidade de dissimular e usar artifícios enganadores

felonia: maldade, ferocidade

perfídia: deslealdade

patamar: posição ou estado em que se encontra

sintonia: correspondência entre a frequência vibratória de dois ou mais indivíduos, determinando uma ligação entre eles que resultará em pensamentos, sentimentos, comportamentos afins

calcinar: abrasar, inflamar, causar grande agitação

propiciar: proporcionar as condições para a realização de (algo)

distúrbio: mau funcionamento de (órgão, função orgânica etc.)

serotônico: relativo à serotonina – substância neurotransmissora (responsável pelas reações de prazer e bem-estar), vasoconstritora e reguladora da atividade dos músculos lisos

Cada Espírito reencarnado evidencia, pois, o seu patamar evolutivo. E Emmanuel acrescenta que

cada individualidade renasce em ligação com os centros de vida invisível do qual procede, e continuará, de modo geral, a ser instrumento do conjunto em que mantém suas concepções e pensamentos habituais.[67]

Assim, existem fatores predisponentes que possibilitam não apenas o assédio, mas igualmente a sintonia. Esta se faz automaticamente, por estar o Espírito recém-encarnado na mesma frequência vibratória daqueles que intentam perturbá-lo. Tanto em adultos quanto em crianças os motivos e as causas são os mesmos.

Embora sejam muito dolorosas tais vivências em nosso plano terreno, é certo que são bem mais suportáveis que os sofrimentos que esses Espíritos padeciam antes de reencarnar. O novo corpo ameniza bastante os estados aflitivos em que se encontravam, que tinham sua nascente na própria consciência que o remorso calcinava, ou no ódio e revolta em que se consumiam. O renascimento e o esquecimento do passado propiciam-lhes considerável alívio, ainda que em situações difíceis por conta de um veículo físico que apresente limitações. Os distúrbios mentais surgem em decorrência dessas mesmas experiências pregressas.

Em certos casos de maior gravidade pode haver a tendência para o suicídio. É o que informa Manoel Philomeno de Miranda (Espírito), ressaltando a possibilidade de que os distúrbios serotônicos sejam os responsáveis pelo impulso suicida, mas muitos outros fatores pesam consideravelmente,

---

67. Francisco C. Xavier, Emmanuel (Espírito), *Roteiro*.

conforme relaciona. (Mencionamos outros aspectos no capítulo que trata dos transtornos psicóticos).

Na sequência, Miranda cita o dramático problema do suicídio na infância. Observemos suas ponderações, quando, ao referir-se ao suicídio, aduz que este "assume gravidade e constrangimento maiores, quando crianças, que ainda não dispõem do discernimento, optam pela aberrante decisão", citando fatores que podem contribuir para isso:

> Amadurecidas precipitadamente, em razão dos lares desajustados e das famílias desorganizadas; atiradas à agressividade e aos jogos fortes que a atual sociedade lhes brinda, extirpando-lhes a infância não vivida, sobrecarregam-se de angústias e frustrações que as desgastam, retirando-lhes da paisagem mental a esperança e o amor. Vazias, desprovidas do afeto que alimenta os centros vitais de energia e beleza, veem-se sem rumo, fugindo, desditosas, pela porta mentirosa do suicídio.
>
> Ademais, grande número delas, suicidas do passado, renascem com as impressões do gesto anterior, e porque desarmadas, na sua quase totalidade, de equilíbrio, vendo, ouvindo e participando dos dramas em que se enleiam os adultos que as não respeitam, antes considerando-as pesados ônus que devem pagar, repetem o ato infeliz, tombando nas refregas de dor, que posteriormente as trarão de volta em expiações muito laceradoras.
>
> Uma análise mais íntima do fenômeno autodestruidor leva também a sutis ou violentas obsessões que o amor enlouquecido e o ódio devastador fomentam, além da cortina carnal.[68]

---

68. Divaldo Franco, Manoel Philomeno de Miranda (Espírito), *Temas da vida e da morte*.

---

aduzir: expor ou apresentar (razões, argumentos, provas etc.)

extirpar: eliminar, destruir

centro vital: centro de força do períspirito; em outras filosofias, conhecido como chacra; identificam-se 7 centros vitais principais, cada um responsável por coordenar determinadas funções no corpo físico

desditoso: que ou o que foi atingido pela desdita (má sorte, infortúnio); desafortunado, infeliz

enlear: envolver

refrega: luta, confronto, trabalho

lacerador: que lacera (causa tormentos; fere)

Complementando as elucidações sobre o tema, passamos a palavra a Carneiro de Campos que nos informa:

holístico: que busca um entendimento integral dos fenômenos

dissociar: desfazer uma associação

adir: acrescentar

terapia: método apropriado para tratar determinada doença

A visão do espiritismo em relação à criança obsidiada é holística, pois que não a dissocia, na sua forma atual, do adulto de ontem quando contraiu o débito. Ensina que infantil é somente o corpo, já que o Espírito possui uma diferente idade cronológica, nada correspondente à da matéria. Além disso, propõe que se cuide não só da saúde imediata, mas sobretudo da disposição para toda uma existência saudável, que proporcionará uma reencarnação vitoriosa, o que equivale dizer, rica de experiências iluminativas e libertadoras. Adimos a terapia do amor dos pais e demais familiares envolvidos no drama que afeta a criança.[69]

Na Sociedade Espírita Joanna de Ângelis, onde atuamos, foi criado um atendimento específico para crianças que denominamos tratamento espiritual da criança – TEC. Em horário próprio, elas recebem a fluidoterapia, associada ao acompanhamento também aos pais, por meio de entrevistas e de orientações que se façam necessárias. Para isso há uma equipe específica. No TEC são atendidas crianças com todo tipo de problemas e enfermidades. Os resultados têm sido excelentes e os creditamos à equipe espiritual, pois sem a assessoria imprescindível dos benfeitores pouco podemos realizar.

imprescindível: necessário; que não é prescindível (renunciável, dispensável)

Também foi criado um atendimento específico aos adolescentes, com a necessária adequação própria a essa faixa etária, e nesse caso sob a orientação de médica espírita especializada.

---

69. Divaldo Franco, Manoel Philomeno de Miranda (Espírito). *Trilhas da libertação.*

A visão do espiritismo em relação à criança obsidiada é holística, pois que não a dissocia, na sua forma atual, do adulto de ontem quando contraiu o débito. Ensina que infantil é somente o corpo, já que o Espírito possui uma diferente idade cronológica, nada correspondente à da matéria.

parte II

A terapêutica espírita

terapêutica: terapia (método apropriado para tratar determinada doença)

> [...] de graça recebestes, de graça dai.
> JESUS [Mt 10:8]

obscuridade: ausência de luz

> Bem-aventurados aqueles que se entregam ao serviço do bem, como a semente humilde na obscuridade da terra. O Pai enriquece-lhe as mãos de alegrias e bênçãos, como enriquece os ramos verdes das árvores de flores e frutos.
> BEZERRA DE MENEZES[70]

atavio: ornamento, enfeite

É SIMPLES E BELA A TERAPÊUTICA ESPÍRITA. DISPENSA quaisquer atavios, rituais, instrumentos, diplomas. É por excelência a caridade pura, doação fraterna, ato de amor ao próximo.

sintonia: correspondência entre a frequência vibratória de dois ou mais indivíduos, determinando uma ligação entre eles que resultará em pensamentos, sentimentos, comportamentos afins

Requer silêncio, ambiente elevado, sintonia com o mais alto através da prece. Deve ser realizada com simplicidade, pois as coisas mais belas e relevantes da vida espiritual têm os traços da singeleza, da ternura e do amor.

---

70. Francisco C. Xavier, Bezerra de Menezes (Espírito), *Bezerra, Chico e você*.

capítulo 10

A terapêutica espírita abrange três aspectos básicos, como se segue:

1. O tratamento fluidoterápico (os passes), que deve ser ministrado regularmente ao enfermo e que visa ao seu reequilíbrio energético, físico e espiritual;
2. As reuniões de desobsessão, que realizam o tratamento espiritual de profundidade, trazendo ao presente, através das comunicações mediúnicas dos Espíritos envolvidos, as causas remotas ou mais próximas dos distúrbios mentais que ora atormentam o paciente;
3. A imprescindível transformação moral que este deve empreender, recebendo para isso as orientações espíritas necessárias que o motivam para uma mudança interior, o que hoje se poderia denominar de processo de autoajuda espírita.

Assim, devem ser estas as bases do tratamento espiritual em benefício dos sofredores de todos os matizes.

No âmbito dos transtornos mentais, os resultados são extremamente positivos, estejam eles associados ou não às obsessões de cunho espiritual.

passe: ato de impor as mãos sobre alguém com o objetivo de transmitir-lhe fluidos benéficos

reunião de desobsessão: atividade realizada com o propósito específico de tratamento do processo obsessivo, em benefício do obsidiado e do obsessor

distúrbio: mau funcionamento de (órgão, função orgânica etc.); doença

imprescindível: necessário; que não é prescindível (renunciável, dispensável)

matiz: tipo

No nosso livro *Obsessão/Desobsessão*, detalhamos como se processa a terapêutica espírita e ao longo dos anos temos comprovado os benefícios que ela proporciona.

Lançado em 1981, transcorridos todos esses anos do que ali registramos, confirmamos e ressaltamos a importante contribuição do espiritismo em favor dos enfermos, curando as enfermidades do corpo, mas sobretudo curando as do espírito.

A terapêutica espírita alcança o eu profundo, trabalha com as causas e não com os efeitos, a fim de que a cura seja completa e definitiva. É, bem se deduz, um processo moroso, complexo e, não raro, doloroso. Isso porque significa o enfrentamento de si mesmo, o despertar para uma nova realidade que resgata o ser humano, que o dignifica e enobrece, desde que haja perseverança e esforço contínuo. A cura, é fora de dúvida, está condicionada ao mérito do enfermo, mas a qualificação e atuação da equipe são essenciais para propiciar ambiente favorável para que ela se efetue.

propiciar: proporcionar as condições para a realização de (algo)

Para que se alcancem a cura ou significativa melhora, vários pontos devem ser observados.

Iremos relacioná-los a seguir, neste capítulo, dividindo-os em três partes.

A primeira parte refere-se à equipe de atendimento; a segunda relaciona-se com o atendido e seus familiares; e na terceira enfocamos alguns aspectos da desobsessão, com destaque para a necessidade do exercício do perdão.

desobsessão: ação voltada à cura do processo obsessivo, em benefício do obsidiado e do obsessor

Quanto à equipe de atendimento

Propomos inicialmente, aos que nos leem, uma reflexão em torno da mensagem do Espírito Bernardino, constante de *O evangelho segundo o espiritismo*, capítulo 5, item 27 e também do belíssimo comentário de Emmanuel, constante de *O livro da esperança*, capítulo 13, intitulado "Na hora da tristeza".

Vejamos pequeno trecho da mensagem de Bernardino:

Não digais, pois, quando virdes atingido um dos vossos irmãos:
"É a justiça de Deus, importa que siga o seu curso."
Dizei antes:
"Vejamos que meios o Pai misericordioso me pôs ao alcance para suavizar o sofrimento do meu irmão. Vejamos se as minhas consolações morais, o meu amparo material ou meus conselhos poderão ajudá-lo a vencer essa prova com mais energia, paciência e resignação. Vejamos mesmo se Deus não me pôs nas mãos os meios de fazer que cesse esse sofrimento."[71]

Em seguida, transcrevemos trecho da mensagem de Emmanuel:

Lembra-te de que podes ser, ainda hoje, o raciocínio para os que se dementaram na invigilância, o apoio dos que tropeçam na sombra, o socorro aos peregrinos da estrada que a penúria recolhe nas pedreiras do sofrimento, o amparo dos que choram em desespero e a voz que se levanta para a defesa de injustiçados e desvalidos.[72]

dementar: ficar louco; endoidecer

peregrino: andante, viajante

A equipe de atendimento inclui não apenas os que fazem a entrevista no atendimento fraterno e os que aplicam os passes, mas também os que ficam na recepção, que distribuem mensagens e encaminham as pessoas, os que dirigem e são responsáveis diretos pela organização e funcionamento, enfim todos os que atuam no horário destinado ao tratamento espiritual.

---

71. Allan Kardec, *O evangelho segundo o espiritismo.*
72. Francisco C. Xavier, Emmanuel (Espírito), *O livro da esperança.*

preconizar: recomendar, aconselhar, pregar

cometimento: propósito

perspectiva: visão, panorama

deveras: em verdade, realmente, de fato

denotar: mostrar, indicar através de sinais ou indícios

É fundamental, conforme a orientação de um dos nossos mentores espirituais, que todos estejam empenhados no processo por ele denominado de "ação transformadora", que compreende o constante exercício da transformação moral, conforme preconiza a doutrina espírita. Para esse cometimento, o serviço do bem é a ação que transforma, que renova o indivíduo e o torna receptivo à sintonia mais elevada. A esse novo programa de vida deve-se aliar o estudo constante dos princípios doutrinários, porquanto este amplia as perspectivas de vida, descortinando horizontes infinitos de aprendizado e enriquecimento interior.

É imprescindível também que se mantenha a vigilância e que o ambiente espiritual seja preservado, através da vivência de cada um dos que integram as equipes da casa, no tocante ao aprimoramento interior, o que confere credibilidade perante a equipe espiritual que orienta e assessora as atividades ali desenvolvidas.

Entretanto, embora se deem todas as luminosas orientações dos benfeitores espirituais, temos notícias de atendimentos, realizados em alguns lugares, que estão muito longe daquele que se espera no recinto de uma casa espírita, o que é deveras lamentável. Às vezes, os que atendem, o fazem de maneira áspera, denotando má vontade e mau humor, por hábitos e condicionamentos antigos, que cultivam no cotidiano e que transferem para a tarefa espírita. Os que entrevistam, por sua vez, acham que é preciso falar aos entrevistados com uma franqueza rude, expondo o quanto foram perversos e criminosos no passado e que os sofrimentos de hoje expressam o carma que devem enfrentar, irreversível, e o que é pior, que estão sofrendo assédios terríveis de Espíritos vingadores, cruéis, tudo narrado com tintas sombrias, como se não houvesse nenhuma esperança para o infeliz.

Outros adotam a postura de que a casa espírita que dirigem ou na qual trabalham é a única confiável, somente ali está o verdadeiro espiritismo e só ali são realizadas curas, depreciando as demais instituições, com o intuito de atrair adeptos e doações de todos os níveis. A partir dessa ideia afirmam às pessoas que lhes batem às portas que se deixarem de frequentar irão complicar a própria vida e piorar a situação em que se encontram.

O tipo de conduta acima enfocado evidencia que ainda trazemos, no íntimo, o atavismo do passado, os resquícios de nossas ações pretéritas em face do poder, a vaidade e o egoísmo que extravasam nos preconceitos que hoje cultivamos e na dificuldade em abrirmos o nosso entendimento e o nosso coração para uma visão inteiramente nova em relação à vida, em seus múltiplos aspectos. Falta-nos compreender, assimilar e viver o que estamos aprendendo nas hostes espíritas. Isto leva-nos a Léon Denis, quando sabiamente aconselha:

> atavismo: herança de caracteres de existências anteriores

> resquício: traço, sinal, vestígio

> hoste: agrupamento

> Não basta crer e saber, é necessário viver nossa crença, isto é, fazer penetrar na prática cotidiana da vida os princípios superiores que adotamos.[73]

A palavra de Allan Kardec assegura:

> Quando os homens forem bons, organizarão boas instituições que serão duráveis, porque todos terão interesse em conservá-las. [...] O progresso geral é a resultante de todos os progressos individuais.[74]

---

73. Léon Denis, *O problema do ser, do destino e da dor.*
74. Allan Kardec, *Obras póstumas.*

Quanto aos cuidados para a preservação do ambiente espiritual, vale mencionar a lúcida advertência do Dr. Bezerra de Menezes:

disseminado: espalhado, difundido

tutelar: protetor

fluido: desdobramento da matéria elementar primitiva que preenche todo o universo, suscetível de inúmeras transformações

imaculado: puro

> As vibrações disseminadas pelos ambientes de um centro espírita, pelos cuidados dos seus tutelares invisíveis; os fluidos úteis, necessários aos variados quão delicados trabalhos que ali se devem processar, desde a cura de enfermos até a conversão de entidades desencarnadas sofredoras, e até mesmo a oratória inspirada pelos instrutores espirituais são elementos essenciais, mesmo indispensáveis a certa série de exposições movidas pelos obreiros da imortalidade a serviço da terceira revelação. Essas vibrações, esses fluidos especializados, muito sutis e sensíveis, hão de conservar-se imaculados, portando intactas, as virtudes que lhes são naturais e indispensáveis ao desenrolar dos trabalhos, porque, em assim não sendo, se mesclarão de impurezas prejudiciais aos mesmos trabalhos, por anularem as suas profundas possibilidades.

E prossegue Bezerra de Menezes, alertando quanto aos cuidados imprescindíveis em um centro espírita:

frivolidade: coisa fútil, sem valor ou importância

caráter: conjunto de traços psicológicos e/ou morais

hostil: ameaçador, contrário, desfavorável

> Daí por que a espiritualidade esclarecida recomenda, aos adeptos da grande doutrina, o máximo respeito nas assembleias espíritas, onde jamais deverão penetrar a frivolidade e a inconsequência, a maledicência e a intriga, o mercantilismo e o mundanismo, o ruído e as atitudes menos graves, visto que estas são manifestações inferiores do caráter e da inconsequência humana, cujo magnetismo, para tais assembleias e, portanto, para a agremiação que tais coisas permite, atrairá bandos de entidades hostis e malfeitoras do invisível, que virão a influir nos trabalhos posteriores, a tal ponto que poderão adulterá-los

ou impossibilitá-los, uma vez que tais ambientes se tornarão incompatíveis com a espiritualidade iluminada e benfazeja.[75]

Quanto ao atendido

Via de regra, ao chegar ao centro espírita, o indivíduo traz uma expectativa muito grande, após ter percorrido diversos médicos, ter ouvido várias opiniões de parentes, amigos, vizinhos, que o aconselham de diferentes formas, ter buscado ajuda religiosa aqui ou ali, pois quanto mais grave é o caso maior é a ânsia de encontrar o socorro, como é natural. Muitos dos que atendemos narram essa mesma história e raros são aqueles que têm algum conhecimento correto a respeito do espiritismo e dos recursos espíritas.

Já atendemos pessoas que ao final da entrevista perguntam quanto devem pagar. Uma moça apresentou-nos dois maços de cigarros, pois fora informada que esse era o preço da consulta.

Muitos imaginam encontrar ali algum tipo de milagre instantâneo, alguma fórmula salvadora a curto prazo.

É muito importante que a pessoa encontre no ambiente espírita o melhor dos atendimentos. Possivelmente ela vem bastante decepcionada pela maneira como foi tratada nos postos de saúde, nos locais onde esperava ser atendida pelo menos com humanidade e, na melhor das hipóteses, com educação e gentileza. Neste aspecto é fundamental que ela sinta em nosso meio a atenção, o carinho, o aconchego e, por parte dos que a atendem diretamente, a empatia.

Na primeira fase do atendimento é preciso esclarecer quanto aos pontos básicos da terapêutica espírita.

empatia: processo de identificação em que o indivíduo se coloca no lugar do outro e, com base em suas próprias suposições ou impressões, esforça-se para compreender o comportamento do outro

---

75. Yvonne A. Pereira, Bezerra de Menezes (Espírito), *Dramas da obsessão*.

Nossa diretriz nos atendimentos é a de sempre: recepcionar a pessoa com o maior carinho, tentando tirá-la do estado de tristeza, de desânimo, de mágoa, de todos os estados negativos que possa apresentar. Assim, procuramos transmitir perspectivas novas, de cunho espiritual, levantar o ânimo, **infundir** esperança, despertá-la para uma nova realidade, para seu potencial criativo, enfatizando o amparo espiritual que recebe, a presença de Jesus em sua vida e de seu Espírito protetor, conhecido como "anjo da guarda". Paralelamente vamos esclarecendo as suas dúvidas quanto aos problemas que enfrenta, conforme o que ensina o espiritismo, sempre com ênfase para a sua possibilidade de melhorar, de ter outra oportunidade. Conforme o caso, mencionamos a necessidade de se autoperdoar, de não cobrar de si mesmo a perfeição, de reconhecer a possibilidade de errar e corrigir-se, a partir daquele momento em que se conscientiza, e que tudo isso é realizado gradualmente. Importante falar da misericórdia divina para os que estão em desespero.

> **infundir:** introduzir, inspirar

Se for detectado o processo obsessivo, temos o cuidado em mencioná-lo, nosso próposito não é o de amedrontar o companheiro que ali está, e sim informá-lo dessa realidade, não deixando jamais de ressaltar que, apesar dessa presença espiritual com propósitos negativos, ele recebe ajuda e amparo dos Espíritos que o protegem e de familiares que o querem bem.

Adotamos o procedimento de pedir ao atendido, que está determinado a realizar o tratamento espiritual, que retorne a novas entrevistas para mantermos o acompanhamento de cada caso.

Quanto aos familiares e/ou responsáveis pelo **obsidiado**, o ideal seria que aceitassem e entendessem o tratamento espiritual, o que o ajudaria de maneira significativa. A esses,

> **obsidiado:** indivíduo que sofre o processo de obsessão

quando aceitam a orientação, recomendamos a reunião do evangelho no lar.

A reflexão da família em torno dos ensinos do Mestre, as ponderações e comentários, sob o ponto de vista de cada um, são elementos altamente terapêuticos favorecendo a psicosfera do lar. A oração em conjunto amplia os horizontes mentais e eleva as almas na direção do bem. O clima criado nos instantes do culto do evangelho favorece o entendimento e a fraternidade, pois cada um se coloca mais perto do outro e em posição mental receptiva ao amparo dos benfeitores invisíveis.[76]

É oportuno citarmos a contribuição notável do Dr. Dias da Cruz, conforme registrado no livro *Instruções psicofônicas*, em que em vários capítulos apresenta os excelentes recursos espíritas para o tratamento das obsessões. Dentre essas páginas mencionamos a que ele denomina "A terapêutica da prece",[77] cujo trecho transcrevemos:

Atentos, assim, à psicogênese desses casos de desarmonia espiritual, quase sempre formados pela influenciação consciente ou inconsciente das entidades infelizes, desencarnadas ou encarnadas, que se nos associam à experiência cotidiana, recorramos à prece como elemento de ligação com os planos superiores, exorando o amparo dos mensageiros divinos, cujo pensamento sublimado pode criar, de improviso, novos motivos mentais em nosso favor ou em favor daqueles que nos propomos socorrer.

reunião do evangelho no lar: encontro realizado no lar com o objetivo de melhor compreender os ensinamentos evangélicos

terapêutico: que tem propriedades medicinais, curativas

psicosfera: ambiente psíquico

obsessão: ação mental persistente e maléfica que um indivíduo exerce sobre outro

psicogênese: origem de um fato psíquico numa atividade ou experiência psicológica prévia

exorar: pedir com súplicas; implorar

---

76. Suely C. Schubert, *Obsessão/Desobsessão*.
77. Francisco C. Xavier, Espíritos diversos, *Instruções psicofônicas*.

Não nos esqueçamos de que possuímos na oração a nossa mais alta fonte de poder, em razão de facilitar-nos o acesso ao poder maior da vida.

No caso do paciente de transtorno mental, nota-se que ainda existe muito preconceito em admitir-se o diagnóstico e o tratamento psiquiátrico ou sequer admitir a ida a um psiquiatra. É que ainda perdura a associação com loucura, hospício, "fulano está doido, enlouqueceu, está pinel", são expressões de quem não conhece a realidade.

A desobsessão

elucidar: esclarecer, explicar

Elucida Kardec em *O evangelho segundo o espiritismo* (capítulo 28, item 84):

astucioso: esperto, malicioso, dissimulador

caráter: conjunto de traços psicológicos e/ou morais

A cura das obsessões graves requer muita paciência, perseverança e devotamento. Exige também tato e habilidade, a fim de encaminhar para o bem Espíritos muitas vezes perversos, endurecidos e astuciosos, porquanto há os rebeldes ao extremo. Na maioria dos casos, temos de nos guiar pelas circunstâncias. Qualquer que seja, porém, o caráter do Espírito, nada se obtém, é isso um fato incontestável, pelo constrangimento ou pela ameaça. Toda influência reside no ascendente moral.

terapêutico: relacionado à terapia (método apropriado para tratar determinada doença)

cerne: aspecto central, principal

O processo terapêutico da desobsessão não é um ato miraculoso, resolvido de um momento para outro, e sim um procedimento que se elabora gradativamente, visto que alcança o cerne dos sentimentos humanos, trabalhando o eu profundo ao trazer os conflitos do inconsciente para o consciente, com a segurança da diretriz espírita.

A desobsessão, em caráter pessoal, compreende o decisivo passo que o indivíduo necessita empreender, saindo da sombra para a luz, o que em última análise significa a caminhada ascensional do ser humano, conquista que se consegue de forma gradual ao longo do tempo.

caráter: qualidade peculiar; especificidade, cunho

Na psicologia junguiana, a *sombra* é um arquétipo que representa

psicologia: ciência que trata dos estados e processos mentais, do comportamento do ser humano e de suas interações com um ambiente físico e social

> os aspectos negativos e pulsionais que existem em nós e que nos esforçamos por ocultar. Corresponde aos nossos desejos inconfessáveis e, não raro, autodestrutivos. Da sombra também fazem parte aquelas qualidades da personalidade que, por alguma razão, não puderam se desenvolver. É equivalente ao conceito de homem velho que se encontra em *O novo testamento*. A sombra guarda profunda semelhança com o conceito de inconsciente dos freudianos.[78]

Julgo ser imprescindível esclarecer também o significado de arquétipo. Segundo Jung,

> os arquétipos são os elementos que existem no inconsciente coletivo, do mesmo modo que os complexos existem no inconsciente individual. Em verdade, eles são temas que existem e que se repetem na literatura e nos mitos de todos os povos.[79]

Joanna de Ângelis adota, na atualidade, o termo *sombra* com o significado usado por Jung, porém, inovando, ao apresentar a sua feição espiritual que subjaz no seu conteúdo profundo, razão e causa de tudo o que o Espírito é.

subjazer: existir, embora não se manifeste; estar subjacente (encoberto, implícito)

---

78. Suely C. Schubert, *Obsessão/Desobsessão*.

79. José Carlos Leal, *Jung – na fronteira do espírito*.

Ela apresenta Jesus e o evangelho como o mais perfeito roteiro concedido à humanidade para que a sombra seja vencida.[80]

Sabemos que a *sombra coletiva*, que hoje prevalece em quase todos os campos da vida terrena, é decorrente da sombra individual que existe em cada um de nós. O panorama mundial, infelizmente, é desalentador, quando o analisamos segundo as estatísticas. Vivemos num clima de violência em todas as suas faces. O que ocorre no Brasil, em termos de vulgaridade, de sexualidade desenfreada, deturpada, de licenças morais em todos os níveis – vertentes que são da violência – traduz aspectos da *sombra coletiva* que está se alastrando, não apenas no seu território físico mas, sobretudo, no território moral e espiritual do nosso povo.

Por isso, Joanna afirma:

> Todo ser humano tem que realizar o seu trabalho de autoiluminação, e, após fazê-lo, nunca mais será o mesmo.[81]

extirpar: extinguir, eliminar

Compreende-se, pois, que o processo desobsessivo visa essencialmente a extirpar a sombra através da reformulação mental, o que requer o descondicionamento dos hábitos mentais negativos, desequilibrados, substituindo-os por outros, saudáveis, positivos e, sobretudo, elevados. São hábitos novos, enobrecedores, que irão prevalecer aos antigos, esses bastante arraigados, porém, que podem ser superados com disciplina, treinamento da mente e perseverança.

---

80. Divaldo Franco, Joanna de Ângelis (Espírito), *Jesus e o evangelho à luz da psicologia profunda*.
81. Idem, ibidem.

Esse processo de transformação abrange o Espírito perseguidor e sua vítima, para que ambos, modificados, caminhem construindo a própria felicidade.

Isso, todavia, não quer dizer que, se um deles recusar o ensejo renovador, o outro que o tenha aceito e o esteja empreendendo não consiga a sua libertação. Essa ocorre à medida que sejam sedimentados os novos propósitos, do novo projeto de vida.

sedimentar: consolidar, tornar firme

O exercício do perdão

É preciso ainda enfatizar um ponto fundamental para que a libertação se torne uma realidade: referimo-nos ao perdão. Perdoar tem sido um dos maiores obstáculos para uma decisiva mudança para melhor.

No caso de Christina Grof, mencionado no capítulo anterior, ela narra em seu livro que foi vítima de incesto na infância e comenta que, de maneira geral, as pessoas que sofreram abusos, que foram vítimas de violência, que foram molestadas sexualmente na fase infantil ou adulta, têm imensa dificuldade de perdoar. Observemos que isso ocorre na vivência entre encarnados.

incesto: relação sexual entre parentes (consanguíneos ou afins) dentro dos graus em que a lei, a moral ou a religião proíbe ou condena o casamento

No âmbito espiritual não é diferente. Embora os crimes ou erros do passado não estejam vivos na lembrança dos encarnados, permanecem nestes a sensação de culpa, o medo, a impressão de não merecer a felicidade, estados que ressumam do inconsciente e os tornam vulneráveis, tudo isso de mistura com a sensação de mágoa, ressentimento, revolta ou até mesmo de ódio.

molestado: maltratado

ressumar: manifestar(-se) de maneira evidente; revelar-se

Por outro lado, o Espírito perseguidor faz questão de rememorar o momento trágico em que sofreu o ato violento, a agressão por parte deste que hoje está na posição de vítima.

Seu único desejo é a vingança. Perdoar é uma palavra que inexiste no seu vocabulário.

Mas, a possibilidade do perdão deve ser sempre mencionada na terapêutica espírita, para que ambos os litigantes comecem a impregnar-se da ideia e essa, aos poucos, vá tornando-se mais habitual e gradualmente se torne uma esperança a ser concretizada.

O perdão é um ato que envolve razão e emoção.

A tragédia é dominada pela emoção. Esta é como uma onda imensa que preenche tudo: é a dor, a humilhação, a vergonha, o pesadelo. Só o tempo fará diluir a intensidade das emoções. Só o tempo dará espaço para a razão.

Um dia a possibilidade do perdão vem à tela mental. É hora de se repensar a vida. Christina Grof diz que o "perdão não é um evento, é um processo".[82] Em outras palavras, poderíamos dizer que perdoar não é um ato que se realiza de um minuto para o outro, mas uma atitude que gradualmente impregna o ser e ocorre no tempo certo, próprio de cada um.

O espiritismo mostra a excelência do ato de perdoar e nos conclama a exercitá-lo.

No ano de 1999 escrevi uma crônica a respeito do perdão e que foi publicada em alguns periódicos espíritas. Aqui a transcrevemos.

> **litigante:** diz-se de ou cada uma das partes em um processo litigioso (conflituoso)

> **impregnar-se:** imbuir-se, convencer-se

> **impregnar:** entranhar, fixar-se profundamente

---

82. Christina Grof, *Sede de plenitude – apego, vício e o caminho espiritual.*

Amar é não ter que perdoar

Perdoar.

Uma das maiores dificuldades do ser humano é o perdão das ofensas. Esse, no entanto, é um preceito evangélico. Jesus lecionou o perdão e o exemplificou. Mas, as criaturas continuam a não entender o seu significado e importância e longe estão de conseguir exercê-lo.

Tão complexo é esse entendimento e a sua vivência que grande parte da humanidade ainda acredita que Deus perdoa e castiga, projetando no Pai as suas próprias limitações.

A doutrina espírita aclara a questão de forma lógica e nos permite obter uma visão profunda sobre o assunto.

Observemos o seguinte: Deus perdoa? Deus castiga? Não, nem perdoa nem castiga. Não distribui prêmios ao nosso bom comportamento como também não determina punições quando agimos erradamente. Não fica alegre se atuamos no bem ou triste se procedemos mal. O Criador está acima de todas essas coisas. Ele instituiu as leis que regem o universo. Quando as agredimos, quando não agimos de acordo com elas, sofremos a reação correspondente à falta cometida. É a lei de ação e reação ou de causa e efeito.

Deus não se ofende com nossos erros, pecados, agravos, desacertos, simplesmente porque Ele não é ofendível.

> agravo: ofensa, injúria, afronta

É imperioso recordar, a esta altura, um dos atributos de Deus: a imutabilidade. Ele é imutável, não muda, não fica alegre ou triste, ofendido ou magoado e muito menos irritado, irado. Nós é que somos assim. Não o Pai do céu.

Deus é amor – disse o apóstolo João, de forma completa e definitiva. Estamos mergulhados nesse amor. É o Perfeito Amor.[83]

---

83. *I João*, 4:18 – "[...] o perfeito amor lança fora o temor [...]"

vulto: pessoa notável, importante

patamar: posição ou estado em que se encontra

perfídia: deslealdade

pontificar: alcançar grande destaque dentre os similares

algoz: carrasco, perseguidor

Alguns vultos da humanidade alcançaram o patamar acima do perdão. São aqueles a quem as ofensas, as agressões, os agravos e as perfídias não atingiram. Dentre eles pontifica o vulto luminoso do messias divino.[84]

Jesus é o nosso paradigma, nosso modelo e guia. Conhecendo nossas limitações lecionou o perdão, passo inicial desse exercício de amar para se alcançar o perfeito amor. Não teria o Mestre condições de ir adiante, de aprofundar o ensinamento, devido ao estágio evolutivo da humanidade, àquela época. Assim, enfatizou que é necessário perdoar setenta vezes sete vezes, indefinidamente. Até não mais ser preciso.

Por certo ele próprio, em nenhum momento, se ofendeu ou ficou magoado com as criaturas que o condenaram e executaram, pois estava acima da ignorância humana, como também olha com indulgência e compaixão para todos nós, que através de dois milênios ainda não conseguimos seguir-lhe as pegadas.

A vida de Gandhi, igualmente, pode ser tomada como exemplo. Quando indagado, após sofrer sucessivas perseguições e prisões, se havia perdoado seus algozes, respondeu que nada havia a perdoar pois ninguém lhe ofendera.

Allan Kardec também alcançou esse patamar e ensinou o melhor caminho para o conquistarmos, ao registrar em *Obras póstumas*:

> Quando me sobrevinha uma decepção, uma contrariedade qualquer, eu me elevava pelo pensamento acima da humanidade e me colocava antecipadamente na região dos Espíritos e, desse ponto culminante, donde divisava o da minha chegada,

---

84. "Messias divino" – expressão de Kardec, em *A gênese*, capítulo I, item 41.

as misérias da vida deslizavam por sobre mim sem me atingir. Tão habitual se me tornara esse modo de proceder, que os gritos dos maus jamais me perturbaram.

Amar é não ter que pedir perdão – frase bastante conhecida de um belo filme.

Amar é não ter que perdoar.

Ao perfeito amor (com letra minúscula, pois é o da dimensão humana) são inerentes essas duas características.

Não é necessário pedir perdão.

Não é preciso perdoar.

O perfeito amor não é ofendível.

Quem vive o perfeito amor, ama.

Isso é tudo.

O caminho espiritual

Existe um caminho espiritual? Como encontrá-lo? Como identificá-lo?

Um homem especial, o maior dos profetas, o ser mais iluminado que já veio à Terra, disse, certa vez, ao despedir-se dos seus discípulos: "Eu sou o caminho [...]"

Eles souberam do que ele falava. Encontraram o caminho e jamais se desviaram.

A tradição dos evangelhos registra alguns nomes dos que o seguiram. Zaqueu, o publicano; Maria de Magdala, conhecida cortesã que se converteu, transformando-se em protetora dos que eram portadores de lepra (hoje denominada hanseníase); Lázaro, Marta e Maria, os irmãos de Betânia; Joana de Cusa, a que foi imolada na fogueira, ao lado do filho, por não admitir abjurar, mantendo-se fiel a Jesus; Estêvão, que foi apedrejado, e Abigail sua irmã e noiva de Paulo de Tarso,

---

inerente: que é próprio ou característico de algo

publicano: cobrador de impostos no Império Romano

cortesã: mulher que se entrega imoderadamente aos prazeres do sexo, devassa e de vida geralmente luxuosa

lepra: na Antiguidade, designação de diversas doenças de pele, especialmente as de caráter crônico ou contagioso

Betânia: aldeia da Israel antiga, localizada bem próximo de Jerusalém e do Monte das Oliveiras

imolado: assassinado, massacrado

abjurar: renunciar pública e/ou solenemente a (crença religiosa)

Damasco: capital da Síria, distando 218 km de Jerusalém, notabilizou-se como estratégico centro comercial na Antiguidade, no tempo de Jesus e mesmo muito antes dessa época

enfastiar: aborrecer, entediar, enfadar

fugaz: efêmero, passageiro

reverberar: repercutir (ondas sonoras)

o que teve a visão de Jesus na estrada de Damasco e posteriormente tornou-se o maior divulgador do evangelho; e mais os pobres, os deficientes, os marginalizados, anônimos na multidão, mas que tiveram o seu nome escrito no reino dos céus.

Ao longo dos tempos, outros se reuniram ao grupo e uma caravana se formou dos que acharam o *caminho da verdade e da vida*. Dentre esses, pontificam Francisco de Assis e Clara de Assis, Tereza d'Ávila, João da Cruz, Albert Schweitzer, Ghandi, Allan Kardec, Léon Denis, Bezerra de Menezes, Emmanuel, Eurípedes Barsanulfo, Madre Tereza de Calcutá...

Atenderam ao convite, enfastiados, sofridos, cansados que estavam das coisas mundanas, do apego aos bens transitórios, das ilusões fugazes, e se deixaram consumir pela ânsia de algo que transcendia a qualquer das experiências anteriores. Descobriram o caminho e tudo o mais deixou de ter o mesmo valor de antes.

A voz sublime, dois mil anos depois, ainda reverbera na ambiência do planeta Terra: "Eu sou o caminho, a verdade e a vida, e ninguém vem ao Pai senão por mim."

Os que não atendemos, os que desdenhamos, os que preferimos não crer, hoje, perguntamos, desconsolados: "Ainda há tempo?"

E o Pai responde, em Sua infinita misericórdia, oferecendo-nos o recomeço. E assim nascemos e renascemos para achar o caminho e alcançarmos o ideal supremo da perfeição.

Depende de cada um achá-lo.

Para isso é imprescindível atender àquele que é o habitante do corpo físico, o Espírito imortal, que traz consigo as aquisições de sua jornada evolutiva multimilenar. Nas ilusões do mundo, compreendemos agora, só estavam sendo visadas e atendidas as precárias necessidades da veste carnal,

efêmero: breve

e nada mais efêmera do que esta.

No preciso momento da crise interior, quando o vulcão das carências secretas enfim explode em turbulência, vivenciando conflitos íntimos que o angustiam e impedem de ter paz e ser feliz, o ser humano se dá conta de que urge redirecionar as emoções conturbadas e os pensamentos desordenados, atendendo enfim à sua essência mais profunda.

A busca se inicia.

E ele disse: "Buscai e achareis"...

Buscar, nesse nível, é transcender a tudo o que se *tem* e chegar ao que se *é.*

Essa a razão maior da existência humana.

"O reino de Deus está dentro de vós."

O caminho não conduz para o exterior, mas para o interior de cada criatura. Essa a razão pela qual tão poucos são os que o encontram.

Joanna de Ângelis ensina:

> Há convites por toda parte, e nem todos os indivíduos têm *olhos para ver* nem *ouvidos para ouvir*, concitando-os à conquista de significados existenciais que os preencham de harmonia, direcionando os seus passos para os rumos melhores, aqueles que não frustram, nem levam a desesperos dispensáveis.[85]

Essa é uma jornada de amor, conforme o próprio Mestre exemplificou. Só o amor tem o salvo-conduto para o trânsito terreno. Só o exercício de amar confere o passaporte para se chegar pelo caminho espiritual ao reino de Deus.

turbulência: agitação intensa e desordenada

urgir: ser urgente, premente, inadiável ou indispensável

conturbado: perturbado

concitar: instigar, incitar, estimular

salvo-conduto: documento que autoriza o trânsito livre

---

85. Divaldo Franco, Joanna de Ângelis (Espírito), *Jesus e o evangelho à luz da psicologia profunda.*

No âmbito da terapêutica espírita, trilhar o caminho espiritual é condição fundamental para que se alcance o êxito almejado.

Descobrir o reino de Deus e as vias de acesso para chegar até ele depende, portanto, de cada um.

peregrino: andante, viajante

Somos, todos nós, "peregrinos da evolução", no dizer de Emmanuel.

As palavras finais são de Joanna de Ângelis:

> Um dia, o sublime Espírito do Cristo desceu à Terra para fundar um reino e atirou os alicerces da sua construção na alma humana dando início à edificação de um país como jamais alguém houvera sonhado. O reino dele está em todos nós, pedras angulares que nos tornamos do edifício da esperança, para a futura humanidade feliz.
>
> Enquanto raia nova aurora para o homem melhor, levanta-te, obreiro da vida, para o trabalho sublime do reino de Deus que já está na Terra e no qual te encontras engajado desde ontem para o breve término, quando o Senhor tomará das tuas e das nossas mãos alçando-nos, pelas asas da prece, à plenitude vitoriosa do Espírito vencedor da matéria e da morte.[86]

engajado: envolvido, comprometido

alçar: erguer, altear

---

86. Divaldo Franco, Joanna de Ângelis (Espírito), *Florações evangélicas*.

A terapêutica espírita alcança o eu profundo, trabalha com as causas e não com os efeitos, a fim de que a cura seja completa e definitiva. É um processo moroso, complexo e, não raro, doloroso. Isso porque significa o enfrentamento de si mesmo, o despertar para uma nova realidade que resgata o ser humano.

Estrutura espiritual
da reunião de desobsessão

reunião de de-sobsessão: atividade realizada com o propósito específico de tratamento do processo obsessivo, em benefício do obsidiado e do obsessor

propiciar: proporcionar as condições para a realização de (algo)

imprescindível: necessário; que não é prescindível (renunciável, dispensável)

interação: ação mútua

alçada: campo de atuação; atribuição, competência

penhor: garantia, prova

POR SER UM TRABALHO ALTAMENTE ESPECIALIZADO, A reunião de desobsessão requer uma estrutura espiritual bem mais complexa, que atenda aos objetivos e que propicie a segurança e o êxito que todos almejam.

Imprescindível não esquecermos que uma reunião mediúnica compreende duas equipes, a de encarnados e a dos desencarnados que a dirigem. Embora sejam dois grupos de trabalho, deve haver entre eles uma interação a mais harmoniosa possível, o que depende, basicamente, dos que estão no plano terreno. Isso equivale a dizer que, quando ocorrem problemas no bom funcionamento das tarefas mediúnicas, isso se deve, exclusivamente, à falta de vigilância, de seriedade, de responsabilidade e disciplina dos encarnados.

A equipe espiritual, como é evidente, é superior àquela que pertence ao plano físico, nem poderia ser de outra forma. Portanto, toda a programação é da sua alçada, o que representa um penhor de segurança para o grupo mediúnico.

Mas, como identificar se o grupo mediúnico tem uma assessoria espiritual elevada? E quais as condições necessárias para isso?

capítulo 11

Recordemos o incomparável mestre Allan Kardec, quando leciona em *O livro dos médiuns*, capítulo 29, item 327:

> A primeira de todas é que sejam sérias, na integral acepção da palavra. Importa se persuadam todos que os Espíritos cujas manifestações se desejam são de natureza especialíssima; que não podendo o sublime aliar-se ao trivial, nem o bem ao mal, quem quiser obter boas coisas precisa dirigir-se a bons Espíritos. Não basta, porém, que se evoquem bons Espíritos; é preciso, como condição expressa, que os assistentes estejam em condições propícias, para que eles *assintam* em vir. Ora, a assembleias de homens levianos e superficiais, Espíritos superiores não virão, como não viriam quando vivos. [...] Numa palavra, qualquer que seja o *caráter* de uma reunião, haverá sempre Espíritos dispostos a secundar as tendências dos que a componham.

assentir: dar permissão ou aprovação; consentir

caráter: qualidade peculiar; especificidade, cunho

Por outro lado, pode até ser que os encarnados tenham em mente a proposta de uma reunião com um caráter sério e disciplinado; que mantenham rigorosamente o horário, a frequência e a ordem dos trabalhos, mas com o passar do tempo observa-se que o grupo pouco produz. O que se deduz disso? Que a ordem e a organização, embora sejam fatores positivos e desejáveis, não bastam. Quando a reunião é repetitiva, quando se torna monótona, quando os componentes sentem que pouco estão produzindo, é hora de alerta para todos. É urgente uma avaliação, procurar os motivos.

Isso acontece porque a equipe não está convenientemente preparada. Na maioria dos casos são dois os motivos: falta de estudo e/ou falta de vivência espírita, neste último caso significando que pode até haver a teoria, mas os participantes, ou alguns deles, não a estão vivenciando no cotidiano.

No exercício da mediunidade, não se pode esquecer que o desenvolvimento (crescimento) dos médiuns e dos integrantes, de maneira geral, efetua-se no dia a dia, fora do recinto dos trabalhos. É na vida diária, através das experiências e lições, que amealhamos em nossa trajetória que amadurecemos, se as enfrentamos com o respaldo que a doutrina possibilita. Esses são os testes que a espiritualidade maior observa, conferindo o nosso desempenho no convívio familiar, social e profissional, e que irão refletir-se no nosso desempenho enquanto integrantes de trabalhos de desobsessão.

Sem sombra de dúvida, isso é real. Levamos para o trabalho mediúnico o que somos, o que conquistamos, as nossas qualidades, mas também estarão conosco as nossas imperfeições.

mediunidade: faculdade natural do ser humano, que propicia o intercâmbio entre os planos espiritual e material

amealhar: acumular, juntar, enriquecer a existência com

desobsessão: ação voltada à cura do processo obsessivo, em benefício do obsidiado e do obsessor

Eis por que Kardec, com profunda acuidade, adverte, no item 331 de *O livro dos médiuns*:

> Uma reunião é um ser coletivo, cujas qualidades e propriedades são a resultante das de seus membros e formam como que um feixe. Ora, esse feixe tanto mais força terá quanto mais homogêneo for.

Vejamos por partes essa conceituação.

Um ser coletivo – um todo, um conjunto. Uma reunião não é o dirigente ou o médium mais experiente, ou ambos, mas todo o grupo presente. Mas muitas pessoas dizem que a reunião da qual participam não está indo bem por culpa do médium tal, ou do dirigente, sem se dar conta de sua própria participação e de como interagem todos os presentes, em todos os passos dos trabalhos.

Esse ser coletivo é construído a partir da soma das qualidades e propriedades individuais dos que ali estão presentes. E que qualidades e propriedades seriam essas?

Qualidade, segundo o dicionário *Aurélio*, dentre outras definições: disposição moral ou intelectual das pessoas; dote, dom, virtude; condição.

Propriedade, dentre outras definições: qualidade especial, particularidade, caráter.

Portanto, cada integrante da reunião deve contribuir com suas qualificações morais, espirituais e intelectuais. Ora, se o grupo é constituído de pessoas de escassas condições, de

acuidade: grande capacidade de percepção

médium: indivíduo que atua como intermediário entre os planos espiritual e material

escasso: limitado

caráter: conjunto de traços psicológicos e/ou morais

diminutas propriedades de caráter, é óbvio que a espiritualidade que coordena os trabalhos pouco poderá realizar, visto que o somatório que apresentam é inexpressivo, insuficiente para maior produtividade.

dissertar: expor algum assunto de modo sistemático, abrangente e profundo; discorrer

Observemos o pensamento de João Cléofas, dissertando a respeito:

> A média que resulta das fixações mentais (concentração) dos membros que constituem o esforço da sessão mediúnica, oferece os recursos para as realizações programadas.[87]

Infere-se, pois, que é necessário *qualificar* a equipe, processo esse constante, permanente e deve ser a preocupação primordial de todos os que laboram na área mediúnica.

laborar: trabalhar

Segundo a mentora espiritual Joanna de Ângelis, *qualificar* é um dos três pontos fundamentais para o crescimento de uma instituição espírita e de todo o nosso movimento espírita, sendo os outros dois *espiritizar* e *humanizar*.

espiritizar: adotar os conceitos espíritas de maneira profunda, ativa e fiel, sem adaptações e concessões

Para qualificar o grupo nada melhor que o estudo e logicamente vivenciar tudo o que nos ensina a doutrina dos Espíritos.

---

87. Divaldo Franco, João Cléofas (Espírito), *Intercâmbio mediúnico*.

Mas há ainda outro aspecto a considerar, e quem o ressalta é o notável escritor Léon Denis:

Nas comunicações espíritas a dificuldade, portanto, consiste em harmonizar vibrações e pensamentos diferentes. É na combinação das forças psíquicas e dos pensamentos entre os médiuns e os experimentadores, de um lado, e entre estes e os Espíritos, do outro, que reside inteiramente a lei das manifestações.[88]

Temos por hábito mencionar como parâmetro para os que se dedicam à desobsessão a reunião mediúnica da qual fazia parte a excelente médium Yvonne Pereira, quando residia em Lavras, à época em que era bem jovem.

parâmetro: padrão, referência

Um dos notáveis trabalhos realizados por esse grupo está registrado na magnífica obra *Memórias de um suicida*, e o citamos como homenagem à querida dona Yvonne, cuja obra os estudiosos da doutrina deveriam procurar conhecer mais, pelo muito que ela representa para o nosso movimento.

Vejamos, resumidamente, como está registrado no capítulo 6 da obra citada.

Trata-se de um trabalho muitíssimo especial, em benefício de um grupo de Espíritos resgatados do "Vale dos Suicidas", pela Legião dos Servos de Maria, pertencente ao Instituto Maria de Nazaré. Os dirigentes dessa colônia da espiritualidade – que são de elevada hierarquia espiritual – resolveram encaminhar alguns desses Espíritos suicidas para comunicações mediúnicas, visto que tal providência lhes seria benéfica, ao tempo em que constituiriam importante aprendizado para os encarnados.

---

88. Léon Denis, *No invisível*.

cometimento: empreendimento, propósito

Vários grupos mediúnicos foram pesquisados para verificar-se aquele que estaria apropriado ao cometimento. Assim o grupo espiritual de Lavras foi escolhido para a realização desses trabalhos.

Os médiuns foram convidados a prestar colaboração, pois esta deveria ser voluntária. Tudo resolvido, marcou-se a data para o início das tarefas. Os integrantes da equipe mediúnica, especialmente os médiuns, foram preparados com a devida antecedência.

Espírito guardião: encarregado de estabelecer as defesas espirituais da instituição espírita

A sede do centro espírita também mereceu cuidados especiais, sendo cercada por Espíritos guardiães e outras entidades que procederam à assepsia espiritual do recinto onde se realizaria a sessão mediúnica.

O grupo de Espíritos sofredores foi trazido da colônia, sendo que também eles haviam sido preparados convenientemente.

assepsia espiritual: conjunto de meios usados para purificar o ambiente espiritual, deixando-o livre de fluidos e elementos nocivos

Segundo a narrativa de Camilo Botelho – ou Camilo Castelo Branco – a sala fora cercada por um cordão luminoso e protegida por guardiães.

Os benfeitores espirituais prepararam reservas fluídicas para a formação de quadros que iriam favorecer as reminiscências que se fizessem necessárias aos Espíritos sofredores quando da comunicação mediúnica.

reminiscência: imagem lembrada do passado; o que se conserva na memória

A primeira corrente magnética era composta por vibrações dos encarnados, a segunda, dos mentores da casa, a terceira era uma supercorrente formada pelos visitantes, ou seja, os instrutores espirituais, médicos e enfermeiros da colônia, havendo com esta uma ligação direta com a sessão programada.

A mesa em torno da qual os encarnados se encontravam apresentava-se brilhante, pois sobre ela descia uma cascata de luz resplandecente.

O dirigente encarnado dá início à reunião fazendo a leitura de trecho do *Evangelho* e comentando-o. As suas palavras criavam imagens fluídicas visíveis a todos os Espíritos presentes.

Ao surgir a figura de Jesus, no painel fluídico, um dos Espíritos suicidas que se atirara sob as rodas de um trem pede socorro ao Mestre e é ligado mais diretamente a uma das médiuns (no caso era a própria Yvonne), iniciando-se a comunicação mediúnica. O comunicante enlouquecido via os pedaços do próprio corpo e toda a cena dramática e extremamente dolorosa da qual fora o protagonista.

O dirigente fala-lhe piedosamente e faz uma tocante prece.

As vibrações harmoniosas dos assistentes e, sobretudo do médium, reagiram contra as do comunicante, que, viciadas, enfermas, descontroladas, investiam violentamente sobre aquelas, como ondas revoltas de imensa torrente que se despejasse abruptamente no seio esmeraldino do oceano formoso, refletindo a luz do sol.

Estabeleceu-se luta árdua na realização dessa sublime operação – os fluidos saudáveis dos encarnados, mesclados de essências espirituais dos guias presentes predominaram sobre as do sofredor.

Essa corrente poderosa aos poucos suavizou as vibrações nefastas, pois passara primeiro pelo médium, para em seguida, adaptada, envolver o doente. Grata sensação de alívio perpassa suas fibras perispirituais doloridas... Pelo recinto repercutiam ainda as blandícias da prece – enquanto ele chorava, entrevendo possibilidade de melhor situação...

torrente: curso de água rápido e impetuoso

abruptamente: de modo súbito (inesperado, repentino)

esmeraldino: da cor (verde) da esmeralda

fluido: desdobramento da matéria elementar primitiva que preenche todo o universo, suscetível de inúmeras transformações

nefasto: que pode trazer dano, prejuízo; desfavorável, nocivo, prejudicial

blandícia: gesto ou palavra de carinho ou ternura; afago, carícia

Finalizando, diz o autor espiritual:

Oh, Deus do céu! Que ofício religioso ultrapassará em glórias essa reunião singela, desprovida de *atavios* e repercussões sociais, mas onde a atribulada alma de um suicida, descrente da misericórdia do seu Criador, desesperada pelo *acervo* dos sofrimentos daí consequentes e *inclemência* dos remorsos, é convertida aos *alvores* da fé, pela doçura irresistível do evangelho do meigo nazareno?!..[89]

atavio: ornamento, enfeite

acervo: conjunto

inclemência: dureza, severidade

alvor: luz viva, fulgor, brilho

---

89. Yvonne A. Pereira, Camilo Cândido Botelho (Espírito), *Memórias de um suicida*.

Uma reunião é um ser coletivo, cujas qualidades e propriedades são a resultante das de seus membros e formam como que um feixe. Ora, esse feixe tanto mais força terá quanto mais homogêneo for.

Infalibilidade dos médiuns

infalibilidade: qualidade do que é infalível

médium: indivíduo que atua como intermediário entre os planos espiritual e material

infalível: que não comete erros, que nunca se engana ou se confunde

O MÉDIUM NÃO É UM SER HUMANO INFALÍVEL. NÃO tem, conforme muitos pensam, o atributo da infalibilidade. Como todas as demais pessoas, comete falhas, enganos, erros. Se tal não ocorresse, se estivesse isento dessas fraquezas, teria, então, alcançado a perfeição.

O médium, por mais evoluído que seja, e que nos pareça, terá também os seus momentos difíceis, os equívocos que vez por outra possa cometer.

Importante mencionar a pergunta proposta por Allan Kardec, em *O livro dos médiuns*, capítulo 20, item 226, número 9:

Qual o médium que se poderia qualificar de perfeito?

"Perfeito, ah! bem sabes que a perfeição não existe na Terra, sem o que não estaríeis nela. Dize, portanto, bom médium e já é muito, por isso que eles são raros. Médium perfeito seria aquele contra o qual os maus Espíritos jamais ousassem uma tentativa de enganá-lo. O melhor é aquele que, simpatizando somente com os bons Espíritos, tem sido menos enganado."

capítulo 12

É também oportuna a advertência do Espírito Vianna de Carvalho:

> Nenhum médium é, em consequência, perfeito e irretocável, isento da influenciação dos maus Espíritos como dos perturbadores, que povoam a erraticidade e lhes constituem provas ao orgulho e à vaidade, demonstrando a fragilidade humana, que é inerente à qualidade do ser falível em processo de evolução na Terra.[90]

O médium sincero e honesto, que busca realmente vivenciar a doutrina espírita colocando a sua faculdade a serviço do bem, preocupa-se com a possibilidade de ser enganado ou de não filtrar de forma correta o pensamento dos Espíritos que se comunicam por seu intermédio.

É preciso que se diga logo que o fato de alguém ser enganado por um Espírito mentiroso não significa que esteja

---

90. Divaldo Franco, Vianna de Carvalho (Espírito), *Médiuns e mediunidades*.

erraticidade: estado temporário em que se encontram os Espíritos no plano espiritual, em expiações, estudos, missões, durante o intervalo entre as reencarnações; por extensão de sentido, plano espiritual ocupado por esses Espíritos

inerente: que é próprio ou característico de algo

filtrar: transmitir o conteúdo o mais fiel possível ao pensamento do comunicante, mas também saber restringir a mensagem quando se fizer necessário – comunicação inoportuna, vil, sem proveito

obsidiado: indivíduo que sofre o processo de obsessão

Codificador: denominação dada a Allan Kardec por ter codificado (reunido numa só obra textos, documentos etc.) o ensino dos Espíritos, dando origem à doutrina espírita

velhaco: indivíduo que se utiliza de má-fé e que engana e prejudica outrem

elucidar: esclarecer, explicar

suspeição: dúvida, desconfiança, suspeita

dissertar: expor algum assunto de modo sistemático, abrangente e profundo; discorrer

obsidiado. É o que ensina o Codificador, quando afirma no capítulo 23, item 238:

> O melhor médium se acha exposto a isso, sobretudo no começo, quando ainda lhe falta a experiência necessária, do mesmo modo que, entre nós homens, os mais honestos podem ser enganados por velhacos. Pode-se, pois, ser enganado, sem estar obsidiado.[91]

O que predispõe a atuação dos Espíritos enganadores e malfazejos, conforme elucida Kardec, são as nossas imperfeições morais. Dentre essas imperfeições, ele enfatiza o orgulho, apresentando as características do médium orgulhoso e do médium bom:

> O orgulho, nos médiuns, traduz-se por sinais inequívocos, a cujo respeito tanto mais necessário é que se insista, quanto constitui uma das causas mais fortes de suspeição, no tocante à veracidade de suas comunicações. Começa por uma confiança cega nessas mesmas comunicações e na infalibilidade do Espírito que lhas dá. Daí um certo desdém por tudo o que não venha deles: é que julgam ter o privilégio da verdade.

Prossegue o Codificador dissertando sobre essas características, asseverando que os médiuns orgulhosos rejeitam todo e qualquer conselho e afastam-se dos amigos e "de quem quer que lhes possa abrir os olhos". Acrescenta também que o orgulho pode estar sendo despertado no médium pelo grupo que o cerca, que entusiasmado por alguns resultados obtidos

---

91. Allan Kardec, *O livro dos médiuns*.

passa a considerá-lo um autêntico missionário, e, por isso mesmo, infalível.

Isso nos remete a algumas situações bem próprias do nosso momento. Vê-se, atualmente, que há muita pressa em divulgar-se o trabalho de um ou outro médium, pois as pessoas que lhe são próximas se entusiasmam quanto à sua faculdade mediúnica, nas quais anteveem amplas possibilidades, não se levando em conta que ele, o médium, está em fase inicial, necessitando ainda de prolongado período de experiência e maturação, conquistados através do exercício constante e do estudo perseverante. Dão-se pressa em publicar livros psicografados, em divulgar curas alcançadas, em expor quadros com pinturas primárias, em compor e cantar músicas ditas mediúnicas onde letra e melodia nada exprimem e, o que é pior, fazendo concessões a ritmos da moda no intuito de atrair adeptos, em promover, enfim, o medianeiro, como se o mundo fosse acabar amanhã e não houvesse tempo para mais nada. Infelizmente os resultados, no curso do tempo, não deixam margem a dúvidas quanto aos excessos cometidos nessa fase preparatória. Por via de consequência, a qualidade das produções mediúnicas vem caindo dia após dia. E isto é deveras preocupante.

É urgente repensar tudo isso.

Será que realmente estamos cumprindo a finalidade superior da doutrina dos Espíritos? O que estamos fazendo com ela, como movimento espírita que somos? Nós a estamos dignificando ou nivelando por baixo, para atender aos modismos da época? Qual tem sido a nossa contribuição no sentido de elevá-la, de dignificá-la? Estamos promovendo o espiritismo, procurando manter a qualidade que lhe é inerente ou estamos interessados em nossa promoção pessoal?

> **antever:** ver antes; observar com antecedência

> **maturação:** amadurecimento, evolução

> **concessão:** ação ou resultado de ceder, de abrir mão, de permitir ou aceitar alguma coisa por tolerância

> **deveras:** em verdade, realmente, de fato

imprescindível: necessário; que não é prescindível (renunciável, dispensável)

Após essa reflexão, imprescindível, convenhamos, para quantos amam a doutrina espírita, retomemos o assunto relativo ao médium orgulhoso e o médium bom.

O médium bom, ressalta Kardec, é aquele que reconhece não ser mérito seu as boas comunicações que lhe são transmitidas, aceitando-as

> como uma *graça*, de que lhe cumpre tornar-se cada vez mais digno, pela sua bondade, pela sua benevolência e pela sua modéstia.

E conclui o mestre lionês:

> O primeiro se orgulha de suas relações com os Espíritos superiores; este outro se humilha, por se considerar sempre abaixo desse favor.

mediunidade: faculdade natural do ser humano, que propicia o intercâmbio entre os planos espiritual e material

Esse tema interessa a todos os que se dedicam ao exercício da mediunidade.

Certa feita, o nosso querido Chico Xavier preocupou-se com a questão de o médium ser enganado por pessoas de má-fé, conforme narra no livro *Diálogo dos vivos*.[92]

Em conversa num grupo de amigos íntimos, antecedendo à reunião habitual, referiu-se à presença de pessoas irresponsáveis que procuram os médiuns dedicados à doutrina espírita com o intuito de enganá-los e assim desmoralizá-los e à própria causa.

galhofa: deboche

Tais pessoas, relata o médium mineiro, são amigos da galhofa e surgem dizendo-se necessitados. Inventam nomes que

---

92. Francisco C. Xavier, Herculano Pires, Espíritos diversos, *Diálogo dos vivos*.

apresentam como parentes ou amigos, simulando aflições e sofrimento. O médium fica <u>enternecido</u> e se dispõe a ajudar. Prossegue Chico Xavier:

> Mas tão logo o médium preste o auxílio de que possa dispor, declaram os <u>galhofeiros</u> que tudo não passa de mentira que eles próprios inventaram.

Após essas ponderações a reunião foi iniciada e *O evangelho segundo o espiritismo* aberto ao "acaso" <u>propiciou</u>-lhes o estudo do capítulo 21, "Falsos cristos e falsos profetas", itens 1 e 2. Terminado o extenso receituário e o atendimento psicográfico a várias pessoas que ali estavam à procura de esclarecimento, consolo e esperanças novas, o Espírito Albino Teixeira ditou ao médium a página intitulada "A maior diferença", que também está incluída no livro retrocitado, que traz ainda valioso comentário de Herculano Pires acerca de toda essa questão.

Inicialmente, o professor Herculano <u>tece</u> considerações em torno do valor do auxílio, destacando a intenção daquele que está doando e a situação de maiores necessitados, dos que trazem o "coração envenenado e a mente cheia de suspeitas injustas".

Ressalta ainda o seguinte ponto:

> Se os Espíritos superiores não advertem o médium quanto às más intenções do consulente, é porque este deve ser socorrido e o médium precisa aprender a auxiliar até mesmo quando enganado.

---

enternecido: compadecido, condoído, sensibilizado

galhofeiro: o que é dado à galhofa

propiciar: proporcionar as condições para a realização de (algo)

tecer: apresentar

E conclui:

Que importa se o consulente alardear que enganou o médium? Acaso o médium não é uma criatura humana e, portanto, falível? Quer o médium gozar da infalibilidade, quer ter algum privilégio na sua condição humana? Mediunidade a serviço do bem é aprendizado como qualquer outro. Se o médium se sentisse infalível, estaria à beira da falência. É melhor falir entre os homens ou perante os homens, por amor, do que falir ante a espiritualidade superior por vaidade e orgulho.

A obra mediúnica sincera e nobre não é afetada por alguns episódios de prova. Os benefícios semeados através do trabalho digno não são depreciados pela maledicência e a ignorância. Os que receberam o bem de que necessitavam saberão multiplicá-lo ao seu redor. Porque grande é o clamor dos que sofrem e mesquinho o esgar dos zombeteiros. Prosseguir no bom combate, à maneira de Paulo, é o dever de todos os médiuns a serviço do bem.

esgar: careta de escárnio

Registre-se ainda um outro aspecto: o médium pode ser enganado por um Espírito mistificador e não perceber que isso ocorreu. Neste caso não houve má-fé do médium, não foi intencional. No capítulo 27 de *O livro dos médiuns*, Allan Kardec aborda o assunto com detalhes esclarecedores, para o qual convidamos a atenção dos que nos leem e queiram aprofundar-se a respeito.

Os perigos da fascinação

Segundo o dicionário:

Fascinar: dominar por encantamento; prender com feitiços; enfeitiçar.
Fascinação: atração irresistível; fascínio; encanto.

A fascinação é um gênero de obsessão que apresenta graves consequências. Esclarece Kardec:

obsessão: ação mental persistente e maléfica que um indivíduo exerce sobre outro

É uma ilusão produzida pela ação direta do Espírito sobre o pensamento do médium e que, de certa maneira, lhe paralisa o raciocínio, relativamente às comunicações.

A influência exercida pelo Espírito fascinador é tão intensa que o fascinado é dirigido por ele como se fora um cego. Mas um cego a quem falta principalmente a visão de si mesmo, o discernimento, a acuidade em relação aos seus próprios pensamentos e atos. "[...] ainda mais, pode levá-lo a situações ridículas, comprometedoras e até perigosas."[93]

acuidade: grande capacidade de percepção

O Codificador dá o exemplo do médium psicógrafo, que, recebendo as comunicações mais absurdas e ridículas, tem plena convicção de que são excelentes e transmitidas por Espíritos elevados. O médium fascinado não admite a menor restrição ao que produz mediunicamente. Não aceita críticas ou ponderações e se afasta, ofendido, daqueles que as façam.

Existe a fascinação sob várias modalidades.

---

93. Allan Kardec, *O livro dos médiuns*.

A história apresenta diversos e marcantes exemplos de fascinados, visto que a este gênero de obsessão não estão apenas "sujeitas as pessoas simples, ignorantes e baldas de senso", pois homens cultos e inteligentes também podem ser envolvidos no mesmo processo.

baldo: desprovido (de algo); carente, falho

Nero, julgando-se um grande músico, tocava harpa e cantava, enquanto Roma ardia em chamas, ateadas por sua ordem.

Napoleão, autofascinado pelo próprio poder, coroa-se a si mesmo.

Hitler, pregando a supremacia da raça ariana, ordena o morticínio de milhões de pessoas.

Jim Jones, nas Guianas, supondo-se predestinado, comanda assassinatos e induz a suicídios.

obsessor: indivíduo que exerce influência mental sobre outro de modo persistente e maléfico

A fascinação exacerbada, aliada ao poder, tem sempre consequências graves e danosas.

A fascinação tem características que diferem dos outros gêneros de obsessão. Isto porque a pessoa sobre a qual o Espírito fascinador exerce influência torna-se, na maioria dos casos, também fascinadora. É o que aconteceu com Hitler, que sendo fascinado, exercia a fascinação, com tal intensidade que dominava um número imenso de pessoas, evidentemente teleconduzido e assessorado por uma falange de obsessores desencarnados. Quase que a mesma coisa aconteceu com Jim Jones, nas Guianas, em menores proporções.

esdrúxulo: esquisito, extravagante, excêntrico

sintonia: correspondência entre a frequência vibratória de dois ou mais indivíduos, determinando uma ligação entre eles que resultará em pensamentos, sentimentos, comportamentos afins

É o que vemos todos os dias relativamente a essas teorias e seitas esdrúxulas que surgem em todos os cantos da Terra. Os líderes têm a palavra fácil, grande dose de magnetismo – qualidades intensificadas pelos Espíritos fascinadores – atraindo criaturas que sintonizam em faixa vibratória semelhante. Aliás, somente esta sintonia pode explicar o domínio hipnótico que exercem sobre as massas. Para os que estão de fora, flagrantes são as incongruências e os absurdos de tais crenças. Em decorrência dessa estreita afinidade, dessa completa interdependência psíquica, as pessoas, obliteradas em sua capacidade de raciocinar, abandonam seus lares, seus entes queridos, doam seus bens e como autênticos autômatos seguem o seu líder.

É preciso recordar que tais fatos ocorrem dada a preferência que os seres humanos ainda evidenciam pelas sombras, pelos vícios e paixões, afastando-se por vontade própria de tudo o que edifica e faz crescer espiritualmente.

Vejamos como este processo é realizado.

A fascinação baseia-se, fundamentalmente, na hipnose.

André Luiz apresenta-nos um interessante caso de fascinação no seu livro *Nos domínios da mediunidade*. Relata o drama de uma senhora cuja mente passou a ser controlada por um hipnotizador desencarnado, que desejoso de vingança planejara humilhá-la e ultrajá-la. Utilizando-se da sugestão pretendia fazer dela uma "vítima integral da licantropia deformante". Esclarece, ainda, que a Espíritos dessa faixa evolutiva

> devemos muitos dos quadros dolorosos da patologia mental nos manicômios, em que numerosos pacientes, sob intensiva ação hipnótica, imitam costumes, posições e atitudes de animais diversos.[94]

Esse estado denota a condição de subjugação pelo algoz.

No processo de fascínio, duas são as alternativas visadas pelos Espíritos: a humilhação da vítima, induzindo-a a praticar atos que a tornem ridícula e a degradem, ou a exaltação

---

94. Francisco C. Xavier, André Luiz (Espírito), *Nos domínios da mediunidade*.

---

incongruência: ausência de congruência, de conformidade, concordância

obliterado: que desapareceu; limitado, ofuscado

hipnose: estado alterado de consciência, semelhante ao sono, gerado por um processo de indução, no qual o indivíduo fica muito suscetível à sugestão do hipnotizador

licantropia: estado em que indivíduo sugestionado acredita-se transformado em lobo ou outro animal selvagem

denotar: mostrar, indicar através de sinais ou indícios

algoz: carrasco, perseguidor

da vaidade, fazendo-a crer-se um ser especial, predestinado a grandes missões.

O Espírito fascinador atua na mente da pessoa visada, interrompendo o fluxo de seus pensamentos e interferindo com a sua onda mental, em processo semelhante ao que ocorre no rádio, quando uma emissora clandestina entra na frequência operada por outra emissora, abafando completamente o seu sinal. Utiliza-se, então, da repetição constante de suas ideias, configurando-se assim a hipnose que leva a vítima a agir teleguiada pelo ser invisível.

Sabemos que as dívidas morais tornam o ser humano vulnerável. Diante de seu credor, carregando na consciência o sentimento de culpa, talvez o remorso, o indivíduo sente-se incapaz de lutar e acaba cedendo, numa atitude até mesmo autopunitiva, embora inconsciente.

subjugação: processo obsessivo mais grave; o obsessor influencia o indivíduo de tal modo que passa a comandar a mente e a vontade do obsidiado

Kardec adverte que a fascinação é infinitamente mais rebelde que a mais violenta subjugação. Por quê? é a pergunta que ocorre. É que a pessoa fascinada dificilmente vai admitir que está sendo alvo de obsessores e necessitada de tratamento. Ao admitir isso aceitará a possibilidade de cometer erros, de ter falhas, de não ser a dona da verdade. Essa hipótese a faz sentir-se diminuída, já que sempre se julgou perfeita. Tal é a razão pela qual os que estão nesse nível de fascinação afastam-se daqueles que os possam esclarecer.

terapêutica: terapia (método apropriado para tratar determinada doença)

O estudo da doutrina espírita é o meio ideal para que tais criaturas se conscientizem da própria realidade, aliado à terapêutica espiritual se a aceitarem.

É oportuna uma reflexão acerca de um episódio vivido por Paulo, o apóstolo dos gentios,[95] quando este foi habilmente tentado por Espíritos fascinadores, conforme narra Emmanuel.[96]

Ao pregar em Felipes, na Macedônia, em companhia de Silas, Paulo surpreende-se com a presença de uma jovem pitonisa que, dominada por um Espírito, gritava em altos brados para o público que se aglomerava para ouvir-lhe a palavra:

> Recebei os enviados do Deus Altíssimo! Eles anunciam a salvação! Recebei os mensageiros da redenção! Não são homens, são anjos do Altíssimo!

Como a cena se repetisse em outros dias, Paulo procurou saber quem era a jovem, sendo informado tratar-se de uma pitonisa que atendia a consultas e, associada a outras pessoas, auferia lucros com tal medida.

Em nova pregação na praça, Paulo que não admitia que se mercadejasse com os bens espirituais, ao ouvir nova manifestação, dirige-se, em passos firmes, até a jovem médium e ordena à entidade que se afaste: "Em nome de Jesus Cristo ordeno que te retires para sempre!"

Mas, Silas, em sua inexperiência, não entendeu a atitude de Paulo, já que interpretava a manifestação como um incentivo. A sós com ele, interpela-o para saber o motivo que

---

95. *Atos*, 16:12–40.
96. Francisco C. Xavier, Emmanuel (Espírito), *Paulo e Estêvão*.

gentio: entre os hebreus, aquele que é estrangeiro ou não professa a religião judaica

Felipes: foi uma cidade importante do Império Romano, considerada uma porta de entrada da Europa em relação aos visitantes provenientes da Ásia; localizada no leste da antiga província da Macedônia, a 13 quilômetros do mar Egeu, no topo de uma colina

Macedônia: região geográfica e histórica da península dos Bálcãs, no sudeste da Europa

pitonisa: profetisa

mercadejar: fazer transações comerciais

interpelar: dirigir-se a (alguém) com alguma pergunta ou pedido de explicação

o levara a tal gesto. Ao respondê-lo, o apóstolo da gentilidade deixou-nos preciosa lição:

> Porventura, Silas, poder-se-á na Terra julgar qualquer trabalho antes de concluído? Aquele Espírito poderia falar em Deus, mas não vinha de Deus. Que fizemos para receber elogios? Dia e noite estamos lutando contra as imperfeições de nossa alma. Jesus mandou que ensinássemos a fim de aprendermos duramente. Não ignoras como vivo em batalha com o espinho dos desejos inferiores. Então? Seria justo aceitarmos títulos imerecidos, quando o Mestre rejeitou o qualificativo de "bom"? Claro que, se aquele Espírito viesse de Jesus, outras seriam suas palavras. Estimularia nosso esforço, compreendendo nossas fraquezas.

arrostar: encarar sem medo; defrontar

Paulo prossegue em sua trajetória, perseverante, arrostando perseguições, enfrentando os maiores obstáculos e, acima de tudo, fiel a Jesus e ao labor evangélico.

labor: trabalho

Certamente, o evangelho sentido e vivido é a imunização natural não só contra os perigos da fascinação, mas, sobretudo, contra as imperfeições que ainda existem em nós.

imunização: ato, processo ou efeito de imunizar (fazer ficar ou ficar refratário, insensível; defender, proteger)

*Nenhum médium
é perfeito e irretocável,
isento da influenciação
dos maus Espíritos como dos
perturbadores, que povoam
a erraticidade e lhes constituem
provas ao orgulho e à vaidade,
demonstrando a fragilidade
humana, que é inerente
à qualidade do ser falível em
processo de evolução na Terra.*

A evocação dos Espíritos

A QUESTÃO DA EVOCAÇÃO DOS ESPÍRITOS NAS REUNIÕES mediúnicas, método utilizado por Allan Kardec, surge vez que outra no meio espírita.

Codificador: denominação dada a Allan Kardec por ter codificado (reunido numa só obra textos, documentos etc.) o ensino dos Espíritos, dando origem à doutrina espírita

alienante: que contribui para manter um indivíduo ou grupo de indivíduos em estado de alienação, de ignorância da realidade

É do conhecimento geral que o <u>Codificador</u> usava esse processo nas sessões da Sociedade Parisiense de Estudos Espíritas, sendo também adotado fora dali nos grupos que se formaram à época. Também é sabido que as comunicações eram, em sua grande maioria, psicográficas.

Julgam alguns que por ser esse o método utilizado por Allan Kardec, deveria ser também o das reuniões mediúnicas da atualidade. Alegam outros que aguardar que os Espíritos se comuniquem espontaneamente é uma atitude passiva e <u>alienante</u> e que significa subordinação.

Vejamos como Kardec trata do assunto em *O livro dos médiuns*.

Ele dedica um extenso capítulo às evocações, o número 25. Inicialmente, diz que as manifestações dos Espíritos podem ser de duas maneiras: pela evocação ou espontaneamente. Fala então das vantagens, desvantagens e dificuldades dos dois processos.

Nas comunicações espontâneas, esclarece, não chamar a nenhum Espírito em particular "é abrir a porta a todos os que queiram entrar". O contrário acontece quando se faz a

capítulo 13

chamada direta de determinado Espírito, pois que isto "constitui um laço entre ele e nós". [item 269]

Ressalta, em seguida, que as comunicações espontâneas não apresentam inconveniente algum e que dessa maneira "se podem obter coisas admiráveis". Nos casos de evocação, prossegue, "surpreende, não raro, a prontidão com que um Espírito evocado se apresenta, mesmo da primeira vez. Dir-se-ia que estava prevenido." E, de fato, aduz, havendo a preocupação antecipada de evocar-se determinado Espírito, este é convocado pelo "Espírito familiar do médium, ou do interrogante, ou ainda um dos que costumam frequentar as reuniões". [item 271]

No item 272, há uma afirmativa muito interessante do Codificador:

> Frequentemente, as evocações oferecem mais *dificuldades aos médiuns* [grifei] do que os ditados espontâneos, sobretudo quando se trata de obter respostas precisas a questões circunstanciadas. Para isso são necessários médiuns especiais, ao mesmo tempo *flexíveis e positivos*, e já, em o número 193, vimos que estes últimos são bastante raros, por isso que, conforme dissemos, relações fluídicas nem sempre se estabelecem instantaneamente com o primeiro Espírito que se apresente. [o item 193 citado está no capítulo referente à formação dos médiuns]

aduzir: expor ou apresentar (razões, argumentos, provas etc.)

médium: indivíduo que atua como intermediário entre os planos espiritual e material

circunstanciado: em que se enumeram todas as circunstâncias; detalhado, minucioso, pormenorizado

Essas relações fluídicas resultam, como é evidente, da afinização que deve existir entre o comunicante e o medianeiro e expressam uma das leis da comunicação espírita, conforme Léon Denis, em *No invisível*.

Diante da alegação de que a identificação do Espírito é mais fácil quando ele vem espontaneamente a declarar o nome, Kardec lembra que isso não significa autenticidade, porque qualquer Espírito pode-se fazer passar por outro. Nenhuma garantia há, a não ser a análise do conteúdo da mensagem e da linguagem do comunicante. São estes os meios básicos de controle.

A propósito da identidade dos Espíritos, Kardec escreveu o capítulo 24, em que relaciona nada mais, nada menos que 54 itens sobre o assunto, que auxiliam os médiuns e participantes em geral dos trabalhos mediúnicos no tocante à identificação, qualquer que seja o gênero da reunião. Infelizmente bem poucos conhecem estas elucidações. Todavia, a análise das comunicações é aconselhada pelos próprios Espíritos, que, se são realmente superiores, nada têm a temer.

elucidação: ato ou efeito de esclarecer, explicar

Voltando ao capítulo 25, item 283-a, o Codificador, ao tratar das evocações dos animais, interroga por que algumas pessoas ao evocar os animais obtiveram respostas, ao que os Espíritos declararam:

pintassilgo: designação comum às aves passeriformes do gênero *Carduelis*, da família dos fringilídeos, encontradas em diversos continentes, sendo mais comuns no Velho Mundo

Evoca um rochedo e ele te responderá. Há sempre uma multidão de Espíritos prontos a tomar a palavra a qualquer pretexto.

Em sequência há uma nota de Kardec na qual ele conta o caso dos pintassilgos, que é uma graça e vale a pena ser lido.

No capítulo 17, "Da formação dos médiuns", Kardec recomenda ao aspirante a médium que não adote a evocação direta de um Espírito (item 203), explicando as dificuldades do processo e aconselhando um apelo geral.

Estamos, portanto, diante de duas opções, dois métodos diversos.

Em Léon Denis, todavia, encontramos um tipo de reunião bastante aproximado da atual. Na sua extraordinária obra literária encontram-se diversas citações sobre as sessões das quais participava. Em *No invisível* ele declara:

> Não é indispensável fazer evocações determinadas. Em nosso grupo raramente as praticávamos. Preferíamos dirigir um apelo aos nossos guias e protetores habituais, deixando a qualquer Espírito a liberdade de se manifestar sob sua vigilância. O mesmo acontece em grupos de nosso conhecimento.

Assim, como conciliarmos o método das evocações praticadas por Kardec e o que lemos em *O livro dos médiuns*, já que a soma das argumentações que ele próprio apresenta parece indicar que o melhor método seria o das comunicações espontâneas?

Para responder a essa pergunta é imprescindível ressaltar a natureza da missão de Allan Kardec. Ele era o missionário escolhido e convidado para a grandiosa tarefa da codificação da doutrina dos Espíritos. A sua posição era singular; as condições que o cercavam, únicas e especialíssimas. O seu tempo, bem curto ante a grandeza da obra.

imprescindível: necessário; que não é prescindível (renunciável, dispensável)

Toda uma falange de Espíritos está a postos para assessorá-lo nos dois planos da vida, sob a direção do Espírito de Verdade. Kardec conta também com elementos encarnados em postos-chave que viriam a contribuir para o êxito da missão. Médiuns, também escolhidos, o rodeavam, absolutamente maleáveis, seguros, confiáveis, adestrados para uma

adestrado: que se adestrou (tornou-se capaz, hábil em alguma coisa)

psicografia mecânica: faculdade mediúnica em que a atuação do Espírito é exercida diretamente sobre a mão do médium, movimentando-a independentemente da vontade do médium, que não tem consciência do que escreve

indução: provocar para que algo aconteça

animismo: manifestação da própria alma do indivíduo

psicografia mecânica pura, de altíssimo nível, em grupos familiares e posteriormente na Sociedade Parisiense de Estudos Espíritas. Além disso, há que se levar em consideração o trabalho de pesquisa que deveria efetuar.

Pode-se observar parte dessa pesquisa nas 66 comunicações inseridas na segunda parte de *O céu e o inferno*. As evocações eram feitas a partir de notícias de falecimentos publicadas nos jornais, ou nomes trazidos pelos participantes do grupo, desde que julgassem oportunos e úteis para os estudos e pesquisas. Feita a evocação, a comunicação quase sempre era imediata. Kardec extraía da narrativa dos comunicantes as inferências, daí elaborando as teorias, sendo esta, aliás, uma das características marcantes da doutrina: a teoria baseada em fatos, ou seja, decorrentes desses. Os acontecimentos indicando os fundamentos, os princípios norteadores.

Outros fatores contribuíram para que se abandonasse a prática da evocação. Um deles foi o receio de haver indução, sugestionamento ou animismo por parte do médium, além de que este acabaria quase que na obrigação de desempenhar, nesse contexto, o papel que dele se esperava. Até mesmo para agradar ao dirigente e ao grupo. Outro aspecto é o do constrangimento e inibição que, geralmente, acompanham esse tipo de prática, decorrentes da expectativa formada em torno do médium.

Pode-se deduzir que a mudança de método nas sessões mediúnicas seja, inclusive, por não ter o da evocação produzido, após Kardec, os resultados esperados. Ou por não se conseguirem médiuns em condições apropriadas. Ou as duas coisas simultaneamente.

Entretanto, mesmo o processo da evocação coloca os encarnados numa certa passividade, ou seja, à espera de que os guias tragam o evocado ou que ele queira ou possa atender por si mesmo ao chamado nominal.

Acresce, ainda, que só pelo fato de se chamar determinado Espírito não quer dizer que ele virá; muitas dificuldades existem a ser vencidas. E se houver resposta isto não significa que seja o evocado. Entram aí os mesmos fatores que ocorrem nas manifestações espontâneas, isto é, a hipótese de mistificação, animismo, indução etc. E no caso da evocação com um peso mais forte, pois se exige de imediato a identificação. No outro processo, isso ocorre de modo bem mais natural e só vem ao final da comunicação, o que propicia ao médium ir-se afinizando, cada vez mais, com o Espírito durante o transcurso da mensagem e estar mais seguro quanto à sua identidade. É conveniente mencionar que em muitos casos o médium identifica de pronto o comunicante, mesmo antes deste iniciar a transmissão. Isto varia de médium para médium e depende também das circunstâncias.

O essencial é que, nesse atual método adotado pelas reuniões, não se deixe de lado a avaliação criteriosa das comunicações, passando-as sempre pelo crivo da razão. Que cada um exerça o seu direito pessoal e intransferível de analisar, de extrair ilações das mensagens.

A aceitação cega e mística é que tem prejudicado a evolução dos trabalhos mediúnicos, como também a não assimilação dos ensinamentos, ou a sua deturpação por incompreensão deles, por ranços religiosos, opiniões pessoais etc. O que, em última análise, evidencia a falta de estudo da doutrina.

Exercer a mediunidade com amor não significa, absolutamente, desprezar o estudo, a avaliação meticulosa dos trabalhos, a investigação equilibrada e benéfica. Nada impede que sejam atendidas as duas partes.

Não sei quem estabeleceu em nosso meio a ideia de que a mediunidade com Jesus, a caridade, o amor ao próximo são incompatíveis com o estudo, a pesquisa, o aperfeiçoamento

mistificação: diz-se da situação em que o indivíduo finge a existência do fenômeno mediúnico; também se refere à comunicação do Espírito impostor que se apresenta falsamente como uma personalidade nobre para transmitir informações absurdas

propiciar: proporcionar as condições para a realização de (algo)

crivo: exame ou apreciação meticulosa; prova

ilação: ação de inferir, de concluir

mediunidade: faculdade natural do ser humano, que propicia o intercâmbio entre os planos espiritual e material

meticuloso: minucioso, preso a detalhes

coadunar: pôr em harmonia, conformar, combinar

das atividades. Esse modo de pensar não se coaduna, de modo algum, com o verdadeiro sentido da mensagem do Cristo. Ao contrário, o que se vê, através especialmente das contribuições mediúnicas que nos chegam por intermédio de Chico Xavier, Divaldo Franco e Yvonne Pereira é o conselho constante, é o apelo maciço dos benfeitores espirituais conclamando os espíritas ao estudo. E a mediunidade exercida com amor, alicerçada nos ensinamentos de Jesus não abdica, em momento algum, dos critérios mais rígidos de controle e adestramento da faculdade.

abdicar: renunciar ou desistir de

Léon Denis legou-nos exemplos admiráveis de reuniões em que se cultivava o respeito profundo aos guias, em que a mediunidade era exercida com amor sem que houvesse prejuízo ao estudo e investigação.

Assim, a evocação teve a sua época. Como também o diálogo com os Espíritos através da psicografia. O retorno ao método da evocação não dinamizaria as atividades mediúnicas nem propiciaria o surgimento de médiuns mais aptos e seguros. No caso desses é exatamente o contrário: o surgimento de médiuns mais adestrados é que possibilitaria – talvez – as condições para as evocações.

psicografia: faculdade mediúnica em que ocorre a escrita dos Espíritos pela mão do médium

É recomendável também a leitura do item 330 de *O livro dos médiuns* que trata dos Espíritos que usualmente acompanham os participantes das reuniões. Kardec conclui:

> Perfeita seria a reunião em que todos os assistentes, possuídos de igual amor ao bem, consigo só trouxessem bons Espíritos. Em falta da perfeição, a melhor será aquela em que o bem suplante o mal. Muito lógica é esta proposição, para que precisemos insistir.

Na sequência acrescentaremos ainda algumas considerações.

Ressaltamos que um fator foi preponderante para que se deixasse de lado o método das evocações: é que à medida que foi sendo entendida a estrutura espiritual das reuniões mediúnicas, um novo conceito se estabeleceu, ou seja, o de que a programação dos trabalhos é da alçada dos guias espirituais do grupo, que providenciam, antecipadamente, os que irão comunicar-se e estes são encaminhados para que se efetuem as manifestações. Sabe-se, por outro lado, que tais entidades são ligadas aos médiuns com certa antecedência, e dependendo do caso e da necessidade essa ligação pode ocorrer horas ou minutos antes do início da sessão mediúnica. Entretanto, nas situações de emergência, o atendimento pode verificar-se em caráter de urgência, para o que a espiritualidade maior, como é óbvio, tem recursos apropriados.

alçada: campo de atuação; atribuição, competência

caráter: qualidade peculiar; especificidade, cunho

Temos observado que alguns dirigentes de grupos mediúnicos, desconhecendo ou não avaliando adequadamente os recursos espirituais, pensam que compete aos encarnados tomar a iniciativa de programar, por exemplo, os médiuns que irão dar passividade e quantos serão os comunicantes, determinando até mesmo que um ou outro médium não irá trabalhar naquela sessão, invertendo assim a ordem dos trabalhos, na errônea suposição de que a equipe espiritual está de braços cruzados aguardando as ordens daqueles que dirigem no plano físico. Precisam esses reconhecer nossas limitações e parcos recursos perante a espiritualidade e que já fazemos muito quando não atrapalhamos ou impedimos o desenrolar dos trabalhos programados.

aquiescência: consentimento, concordância

sintonia: correspondência entre a frequência vibratória de dois ou mais indivíduos, determinando uma ligação entre eles que resultará em pensamentos, sentimentos, comportamentos afins

livre-arbítrio: possibilidade de decidir, escolher em função da própria vontade, isenta de qualquer condicionamento, motivo ou causa determinante

No tocante às evocações, como é evidente, a presença deste ou daquele Espírito chamado irá depender, não apenas do fato de que queira ou possa comparecer, mas também da aquiescência dos mentores da reunião.

Tenhamos em mente que a presença dos Espíritos nas sessões mediúnicas, sejam sofredores e necessitados ou entidades amigas, ocorre com a permissão da equipe espiritual que orienta os trabalhos. Enfatizamos que esse é o modelo de reunião bem orientada.

A esse respeito é oportuno mencionar que a interferência dos encarnados nas atividades programadas acontece exatamente quando estes, por invigilância, deixam-se assediar e sintonizam com Espíritos malfazejos na vida diária, abrindo brechas perigosas para o bom andamento dos trabalhos, visto que estes os acompanharão ao recinto das tarefas e, especialmente, ao regozijar-se pelo ensejo de as prejudicar. Os mentores consentem essas comunicações como advertência e aprendizado, o que pode motivar um despertamento naqueles que estão em desequilíbrio, levando-os ao retorno da vigilância, e à mudança de frequência vibratória, o que é louvável. Em casos mais graves, quando o desequilíbrio se alastra entre os encarnados e esses já não mais apresentem condições favoráveis para um trabalho sério, os bons Espíritos se afastam, deixando-os entregues à sintonia inferior, para a qual optaram no uso do livre-arbítrio.

A literatura espírita é extensa sobre esse assunto referente à programação espiritual, e recomendamos as obras de André Luiz e Manoel Philomeno de Miranda. Deste ressaltamos o livro *Temas da vida e da morte*, capítulo intitulado "Enfermagem espiritual libertadora".

A evocação teve a sua época. Como também o diálogo com os Espíritos através da psicografia. O retorno ao método da evocação não dinamizaria as atividades mediúnicas nem propiciaria o surgimento de médiuns mais aptos e seguros.

Uma palavra necessária

UMA PALAVRA SE FAZ NECESSÁRIA, DIRIGIDA AOS QUE sofrem de transtornos mentais.

Inicialmente, recorremos a Hermínio Miranda, em sua obra *Condomínio espiritual*, que registra a opinião de Thomas Szasz, para o qual não existe doença mental, pois, segundo este, o que existe são *problemas morais*. Em decorrência dessa ideia, os livros de Szasz não enfocam especificamente a psiquiatria, mas sim tratam da natureza humana e, mais particularmente, sobre a conduta humana, conforme ele mesmo escreve no prefácio à edição americana de seu livro *The manufacture of madness*.

A afirmativa de Szasz de que não existe doença mental, e sim problemas morais, logicamente como causas dos distúrbios, remete-nos às elucidações espíritas acerca do tema.

Como afirmamos, algumas vezes nestas páginas, a origem de qualquer problema humano, suas dificuldades, limitações e sofrimentos localizam-se no Espírito, que, estando ou não ligado ao corpo físico, conduz todo o seu acervo de experiências anteriores, que ressumam, quando encarnado, em diferentes registros, que nada mais expressam do que a realidade espiritual de cada um.

psiquiatria: ramo da medicina que se ocupa do diagnóstico, da terapia medicamentosa e da psicoterapia de pacientes que apresentam problemas mentais

distúrbio: mau funcionamento de (órgão, função orgânica etc.)

elucidação: ato ou efeito de esclarecer, explicar

acervo: conjunto

ressumar: manifestar(-se) de maneira evidente; revelar-se

capítulo 14

Pode-se, assim, dizer que doenças são mensagens diretas do Espírito, que no escoadouro físico não apenas demonstram, pela via do perispírito, a própria condição moral/espiritual, como também extravasam a pesada carga dramática que lhes são inerentes.

Temos acompanhado o sofrimento de pessoas portadoras de doenças mentais. Muitas têm-nos dito o quanto lhes é terrível a conturbação mental que enfrentam. É uma luta sem quartel, sem tempo, sem fim.

Medicações, terapias podem atenuar e até mesmo curar. Um grande número, porém, não consegue alcançar a cura ou o alívio.

A todos esses concitamos a que não percam a esperança.

Que consigam, gradualmente, superar o sentimento de culpa, a sensação de inferioridade, o medo, a revolta, a depressão. Tais estados íntimos abatem o ânimo e reduzem a possibilidade de cura.

escoadouro: cano, vala, conduto para dar saída a líquidos, dejetos etc.

inerente: que é próprio ou característico de algo

conturbação: estado de ânimo alterado; agitação íntima, perturbação

quartel: época

terapia: método apropriado para tratar determinada doença

atenuar: tornar menos intenso; reduzir, abrandar, amenizar

concitar: persuadir, instigar, incitar, estimular

Mas a destinação do ser humano é grandiosa e Emmanuel afirma:

O homem é um gênio divino em aperfeiçoamento ou um anjo nascituro, no grande império das existências microscóspicas, em cujo âmbito é escravo natural das ordenações superiores e legítimo senhor das potências menores.

Em torno dele tudo é movimento, transformação e renovação. No seio multifário da natureza em que se agita, tudo se modifica no embate turbilhonário das energias que lhe favorecem a experiência e a ascensão.

Embora a ordem dominante nos elementos infrainfinitesimais, tudo aí se desfaz e se refaz incessantemente, oferecendo ao Espírito fases importantes de materializações e desmaterializações, dentro de leis sistemáticas que funcionam em igualdade de condições para todos. [...]

A energia mental é o fermento vivo que improvisa, altera, constringe, alarga, assimila, desassimila, integra, pulveriza ou recompõe a matéria em todas as dimensões.

Por isso mesmo, somos o que decidimos, possuímos o que desejamos, estamos onde preferimos e encontramos a vitória, a derrota ou a estagnação, conforme imaginamos.[97]

Um ponto deve ficar bem claro, ao propor a terapêutica espiritual aos que a procuram: isso não significa que tenham que tornar-se espíritas, caso não o desejem. Grande número de pessoas vêm até nós e se dizem seguidoras dessa ou daquela religião. Dentre esses, alguns confessam que não querem

---

nascituro: que ou aquele que vai nascer

multifário: que se apresenta variado, de muitos modos e maneiras

turbilhonário: relativo a turbilhão (agitação intensa que envolve de modo vertiginoso)

ascensão: ato ou efeito de subir; elevação

infrainfinitesimal: infinitamente pequeno

constringir: apertar, comprimir

terapêutica: terapia (método apropriado para tratar determinada doença)

---

97. Francisco C. Xavier, Emmanuel (Espírito), *Roteiro* [cap. 5].

mudar a sua fé religiosa. Sempre temos o cuidado e a ética de esclarecer que não é condição *sine qua non* para o tratamento o tornar-se espírita. As pessoas se admiram quando lhes falo dessa forma. Embora haja tal posicionamento, certos princípios básicos deverão ser entendidos, como é natural: o Espírito, a reencarnação e a obsessão. Até hoje apenas três ou quatro pessoas afirmaram ter dificuldade em compreender esses pontos fundamentais.

Várias retornaram às suas antigas práticas religiosas, às quais estavam ainda apegadas, após o tratamento espiritual. Levaram no íntimo essas noções de suma importância para a vida terrena. E levaram também uma avançada ideia acerca do espiritismo. Ficaram cientes de que este não proíbe nada, não impõe, não cerceia a liberdade de quem quer que seja. E ainda: que a caridade e o amor prescindem de rótulos, vencem as barreiras e os preconceitos, tal como Jesus ensinou.

Se você, amigo, é um desses que veio em busca dos recursos espíritas por sofrer de algum tipo de transtorno mental, saiba que essa é a linha filosófica e religiosa do espiritismo, é esta a nossa visão de mundo, como espíritas.

É imprescindível, ainda, esclarecer, que quando se fala que os portadores dessas distonias mentais são Espíritos endividados, que cometeram crimes, e mais isto e aquilo, não significa que sejam seres marginalizados ou diferentes dos demais, pois tanto quanto eles também nós outros cometemos delitos terríveis no passado, os quais agora lamentamos. O que importa é caminhar para a frente, é superar os desafios, com muita fé em Deus e amor no coração.

sine qua non: indispensável, essencial

obsessão: ação mental persistente e maléfica que um indivíduo exerce sobre outro

suma: fundamental

cercear: diminuir, limitar, restringir

prescindir: passar sem; renunciar a, dispensar

imprescindível: necessário; que não é prescindível (renunciável, dispensável)

distonia: doença, transtorno (qualquer perturbação da saúde)

Recordemo-nos de Joanna de Ângelis, quando leciona: "a dor não tem uma função punitiva, mas educativa"; e ainda, "quando o amor se ausenta, a dor se instala".

É bom saber que acima de tudo, de todas as dores humanas, as quais, diga-se de passagem, nós mesmos procuramos, existe a bênção divina, plena de amor e misericórdia para com toda a criação.

*A dor não tem uma função
punitiva, mas educativa.
Quando o amor se ausenta,
a dor se instala. É bom saber
que acima de tudo, de todas
as dores humanas, existe
a bênção divina, plena
de amor e misericórdia
para com toda a criação.*

Considerações finais

MAIS DO QUE AS ENFERMIDADES DO CORPO FÍSICO, as dos transtornos mentais traduzem uma ideia de doenças da alma. A psique está intimamente relacionada com a alma, o espírito.

> **psique:** ego, mente (por oposição a corpo)

Se medicar, tratar e curar o organismo carnal já é bastante complexo, imaginemos o que significa atender às profundezas da alma humana. Mesmo porque o próprio indivíduo tende a fugir de si mesmo, evita encontrar a realidade do seu mundo interior.

Jung menciona "o temor secreto dos perigos da alma". Em outro momento ele diz:

> Tratando-se de vivências interiores, ao despontar o que há de mais pessoal num ser, a maioria é tomada de pânico, e muitas vezes foge.[98]

Mas a fuga não é para sempre. Em dado instante a realidade eclode, profunda, desarmônica, quase sempre, e de tão insuportável encharca o psiquismo de lampejos, visões,

> **eclodir:** tornar-se subitamente visível; aparecer, surgir

---

98. Carl G. Jung, *Memórias, sonhos e reflexões.*

conclusão

delírios, que emergem em diferentes graus de intensidade, cujos conteúdos denotam não somente vivências interiores, mas, sobretudo, anteriores.

Esses transtornos mentais expressam os conteúdos do depósito das vidas pregressas. É imprescindível que venham à tona. O fato de irromperem ao nível consciente, na personalidade atual, significa a necessária catarse, espécie de esvaziamento daquilo que se acumulou por muito tempo. Explosão do mundo interior, estilhaçando-se de vez, para uma reconstrução futura. Fragmenta-se a unidade psíquica refletindo a doença da alma. As "dores da alma" são, pois, inevitáveis neste processo.

Esta a visão espírita dos transtornos mentais.

A terapêutica espiritual visa a um atendimento global e específico para tão dolorosa ocorrência. Não se trata apenas de se fazer um "curativo". Isto seria rápido e ineficaz. Trata-se de ir ao cerne do problema, alcançar a causa. A causa está no espírito. A causa é o Espírito. É todo o conjunto que compõe o seu modo de ser.

É o ser a expressar-se com aquilo que é.

delírio: convicção errônea, baseada em falsas conclusões tiradas dos dados da realidade exterior, e que não se altera mesmo diante de provas ou raciocínios em contrário

denotar: mostrar, indicar através de sinais ou indícios

imprescindível: necessário; que não é prescindível (renunciável, dispensável)

irromper: invadir subitamente

catarse: liberação de emoções ou tensões reprimidas

cerne: aspecto central, principal

talhado: que se talhou (esculpiu, gravou)

panaceia: qualquer coisa que se acredite possa remediar vários ou todos os males

seiva: vigor, energia

holístico: que busca um entendimento integral dos fenômenos

terapia: método apropriado para tratar determinada doença

estresse: esgotamento físico ou emocional como reação do organismo a agentes de natureza diversa (trauma, doença, emoção, cansaço, tensão etc.) que alteram o estado de equilíbrio do corpo e aumentam a produção de adrenalina

Nesse ponto mágico e definitivo a própria cura lhe pertence. Sob esse prisma, a automedicação é essencial e eficiente. "O homem deve ser o médico de si mesmo", registra André Luiz.[99]

O mesmo pensamento é ressaltado por Kardec, anteriormente:

O Espírito é, desse modo, o artista do próprio corpo, por ele talhado, por assim dizer, à feição das suas necessidades e às manifestações de suas tendências.[100]

Muitas panaceias são propostas e apresentadas aos enfermos da alma. Mas, enquanto não se fortalecer a seiva espiritual, apenas adiarão o tempo da cura. Recordo-me de Fritjof Capra, em sua visão holística, sendo esta um passo avançado em direção ao Espírito, quando afirma:

A finalidade básica de qualquer terapia será sempre estabelecer o equilíbrio do paciente. [...] A cura será feita pelo próprio sistema corpo/mente; o terapeuta apenas procurará reduzir o estresse excessivo, fortalecer o corpo, encorajar o paciente a desenvolver sua autoconfiança e uma atitude mental positiva, criando um ambiente mais propício à cura.[101]

---

99. Francisco C. Xavier, André Luiz (Espírito), *Missionários da luz.*

100. Allan Kardec, *O céu e o inferno* [cap. 7].

101. Fritjof Capra, *O ponto de mutação.*

Ao que Joanna de Ângelis, referindo-se à cura plena, acrescenta:

> Em todo processo degenerativo ou de aflição, o Espírito, em si mesmo, é sempre responsável, consciente ou não. E, naturalmente, só quando ele se resolve pela harmonia interior, opera-se-lhe a conquista da paz.[102]

degenerativo: que provoca perda ou deterioração das qualidades originais

Nas páginas deste livro procuramos enfatizar tudo isso. O caminho espiritual cada um irá trilhar por si mesmo.

Enfatizamos a abordagem espírita pelo seu elevado teor de aclaramento dos problemas humanos, pelas respostas lógicas e profundas aos questionamentos que os indivíduos vêm fazendo através dos tempos, pelas diretrizes superiores que apresenta e porque a temos como experiência pessoal em toda a nossa vida.

Apraz-nos citar Emmanuel, sintetizando a finalidade do espiritismo:

aprazer: causar ou sentir prazer; contentar(-se), agradar(-se)

> Ao espiritismo cristão cabe, atualmente, no mundo, grandiosa e sublime tarefa. Não basta definir-lhe as características veneráveis de consolador da humanidade, é preciso também revelar-lhe a feição de movimento libertador de consciências e corações.[103]

---

102. Divaldo Franco, Joanna de Ângelis (Espírito), *Plenitude.*
103. Francisco C. Xavier, André Luiz (Espírito), *Missionários da luz.*

mormente: sobretudo, principalmente

numinoso: termo que Jung usa com o significado de manifestação do sagrado, que possibilita experiências transcendentes

perspectiva: visão, panorama

Sabemos, porém, que outras vertentes espiritualistas, mormente as orientais, são igualmente caminhos numinosos para o ser humano.

O importante é descobrir. A busca deve ser constante. A estrada evolutiva está diante de nós, oferecendo-nos perspectivas de paz, amor e felicidade.

Para nós, espíritas, é a mensagem do Cristo.

Ele nos convida: "Eu sou o caminho."

Através dele alcançaremos a verdade, e ela nos libertará para a vida maior.

A estrada evolutiva está diante de nós, oferecendo-nos perspectivas de paz, amor e felicidade. O Cristo nos convida: "Eu sou o caminho." Através dele alcançaremos a verdade, e ela nos libertará para a vida maior.

Índice geral

A

abdicar 218
Abigail 183
abissal 143
abjurar 183
aborígene xxv
abruptamente 195
Ação e reação 98, 99
ação transformadora 170
acervo 101, 196, 222
acervo de informações xxiv
acuidade 143, 191, 205
açular 143
Aderson *ver* caso Aderson
A desobsessão 176
adestrar 215
adir 162
adormentado 152
adormentar 151
adrenalina 151
adstrito 104
aduzir 33, 114, 150, 161, 213
"A esquizofrenia" 114
A esquizofrenia na visão
   espírita 114
A evocação dos Espíritos 212
afecção vii
agorafobia 39, 49, 52
Agradecimentos xi
agravo 181
Albert Schweitzer 184
Albino Teixeira 203
alçada 188, 219

alçar 88, 186
alcoólatra 132, 147
Alcoólicos Anônimos 148
alcoolismo 147
Além do cérebro xxv
Além do inconsciente 31, 61, 65
algoz 105, 182, 207
alienação 88, 117
alienação mental 69
alienado vi, 100
alienado mental 138
alienante 212
Allan Kardec *ver* Kardec
alucinação 33, 54, 69, 80
alvor 196
âmago xxiv
"A maior diferença" 203
Amar é não ter que perdoar 181
ambiente espiritual
   cuidados para preservação 172
amealhar 190
amígdala 50
   cortical 55
Amigos e companheiros x
amnésia 67
amor 185
Amor, imbatível amor 92, 94, 103
amor-próprio 84
ancestral xiii, 50
André Luiz vii, 66, 98, 99, 135, 136,
   139, 207, 220, 230, 231
anímico 64
animismo 216, 217

índice

ansiedade   36
   estado de alerta   38
   resposta orgânica e
      psicológica   38
   sensação corporal   37
Ansiedade (neurose) na visão
   espírita   41
Ansiedade normal   37
ansiedade normal e ansiedade
   patológica
   diferença   39
Ansiedade patológica   39
antever   xxi, 201
Antônio Maria   86
Anuário espírita (1992)   xxi
A obsessão na infância   159
Após a tempestade   154
aprazer   123, 231
apreensão   33, 37
Apresentação   xvii
aquiescer   220
ardil   xxiii
ardiloso   99
arquétipo   177
arrefecer   63
arrimo   87
arrostar   210
*A arte do aconselhamento
   psicológico*   30, 134
ascensão   224
As obsessões   142
assédio   144
assentir   189

assepsia espiritual   194
assessoria espiritual elevada   188
astúcia   159
astucioso   176
atavio   166, 196
atavismo   171
atendimento   170
atendimento espírita
   pagamento   173
atendimento fraterno   xix
atenuar   38, 62, 100, 124, 223
A terapêutica espírita   166
ato compulsivo   45, 46
Atos   209
atroz   136
aturdimento   87
aturdir   144
Aurélio   191
autismo   124
   componente mediúnico   123
   conotações cármicas   122
   etiologia   121
   etiologia espiritual   123
   infantil   96, 120, 156
   ocorrência   120
   suicídio   125
Autismo   120
Autismo – uma leitura espiritual   120,
   121, 123
"*Autistic disturbances of affective
   contact*"   120
autocida   103
autocídio   101

Autodescobrimento 51
autoiluminação 178
automatismo 31, 60
   global 60
   parcial ou segmentar 60
automedicação 230
auto-obsessão 125
autoperdão 174
autossugestão 99
autoterapeuta xiv
avassalar xx, 109
ávido xviii

B

Baccelli *ver* Carlos Baccelli
baixa frequência vibratória 74
baldo 206
báratro xiv
bem-estar 50
beneplácito 66
Benjamin J. Sadock *ver* Sadock
Bernardino 168
Betânia 183
Bezerra, Chico e você 166
Bezerra de Menezes 116, 126, 131,
   166, 172, 173, 184
bicorporeidade 73
bipolar 78
blandícia 195
bojo 36, 130
borrifar 46
Buda xxv
buscar 185

C

cacoete 41
calceta 44
calcinar 136, 160
Calderaro 136, 138
Camilo Cândido Botelho 194, 196
Camilo Castelo Branco 194
caminho da verdade e da vida 184

caminho espiritual 186
caráter xxvi, 65, 93, 100, 133, 172,
   176, 177, 189, 192, 219
carência estética xxv
Carl Gustav Jung *ver* Jung
Carlos Augusto Abranches xi
Carlos Baccelli 123, 125
carma 99
"Carma de solidão" 88
cármico 115, 122
Carneiro de Campos 44, 99, 162
carrear 132
caso
   Aderson 125
   Fabrício 136
   F.J. 92
   J.B. 42
   J.M. 62
   L.G. 57
   L.V. 52
   M.G. 47
   M.S. 46
   P.R. 116
   S.N. 48
   Y.A. 43
   Z.R. 115
catarse 229
cefaleia 37
centros do sistema nervoso e
   cerebral 117
centro vital 161
cercear 225
cérebro xxiii
cerimônias da destruição 151
As cerimônias da destruição 85, 88,
   100, 102, 151
cerne 42, 176, 229
Cerviño *ver* Jayme Cerviño
O céu e o inferno 216, 230
Chico Xavier xxi, 99, 123, 139, 145,
   159, 160, 166, 169, 175, 202, 203,
   207, 209, 218, 224, 230, 231
   autismo 124

Chico Xavier à sombra do abacateiro 125
Christina Grof xix, 149, 179, 180
   relato 147
ciência mecanicista xxv
ciência psíquica xii
cindir 69
cipoal 87
circunstanciado 213
cisão 112
cisão da personalidade 112, 114
civilização 150
Clara de Assis 184
Clara Dorsett 70
clarificar 33
clichê 51
coadunar 218
codificação kardequiana xvi
Codificador 74, 145, 200, 212
coercitivo 154
cognitivo xxiv, 53
cometimento 170, 194
compêndio xix, 46
Compêndio de psiquiatria xix, 46
competitividade 36
complexidade da vida moderna 36
comportamento psicótico
   evidência direta 96
compulsão 45, 46, 48, 101
compulsivamente 153
comunicação
   aceitação cega e mística 217
   espontânea 212
concernir xx, 33
concessão 201
concitar 185, 223
condomínio espiritual 72
Condomínio espiritual 68, 69, 222
conduta tóxica 151
conflito
   conjugal 36
   intrapsíquico 39, 40

consciência
   de culpa 134, 135, 140
   despertamento 134
   espiritual xxv
Considerações finais 228
Considerações iniciais xxii
consoante 110, 130
consóror xiv
constringir 224
controle mental 146
conturbação 223
conturbado 144, 154, 185
convulsão 124
Cornélia Wilbur 70
corpo fluídico 64
Correio Fraterno do ABC 85
corrente freudiana xxv
cortesã 183
córtex pré-frontal 46
CP *ver Compêndio de psiquiatria*
criança 157
   inocência 159
crise de pânico 39
crivo 217
cromossomo 79
culto do evangelho no lar *ver*
   reunião do evangelho no lar
cura 168, 230, 231

D

"Da formação dos médiuns" 214
Damasco 184
Daniel Goleman 54, 55
Decepção amorosa 82
dédalo 154
Definindo os transtornos
   mentais 30
degenerativo 139, 231
deletério 146, 153
delinquir 117, 132
delírio 80, 96, 229
delírio psíquico 98
delirium tremens 96

demência 33, 96
  alcoólica 96
  paranoide 96
  senil 96
dementar 169
denodo xvi
denotar 73, 81, 101, 129, 150, 170, 207, 229
dependência química 153
deperecer 140
depressão 78
  ocorrência 78
  sintomas 80
  suicídio 79
Depressão 80
Depressão na visão espírita 81
desafio 36
desbravar xiv, 117
descentralização 65
desconexão sináptica 60
desditoso 44, 161
desdobramento 64
desejo central 98
desenvolvimento mediúnico 190
desforço 117
desobsessão xiv, xvii, 43, 92, 115, 168, 190
despersonalização 49
destreza 122
desvario xiii
Deus 128
  perdão e castigo 181
  visão humana 128, 158
Deus é amor 181
deveras 170, 201
diáfano 42
Diagnostic and statistical manual of mental disorders 39
Diálogo dos vivos 202
Dias da Cruz 175
Dias gloriosos 76
dicotomia 104
difuso 37, 41, 80
digladiar 146

disfunção 93, 156
dispneia 49
disseminado 172
dissertar 44, 113, 134, 192, 200
dissipar 129
dissociação 30, 40, 60, 66
  mórbida do psiquismo 61
dissociação mental 30, 31
  ver também transtorno dissociativo
dissociar 162
distonia xx, 34, 130, 140, 225
distonia mental xx, 34, 130
  Espírito endividado 225
distúrbio xvii, 32, 53, 93, 107, 137, 154, 160, 167, 222
  bipolar 107
  de pânico 51
"Distúrbios autísticos de contato afetivo" 120
Divaldo Franco xi, xv, 42, 44, 51, 76, 94, 99, 103, 126, 135, 140, 147, 153, 154, 161, 162, 178, 185, 186, 192, 199, 218, 231
Divaldo Pereira Franco
  ver Divaldo Franco
DNA xxiii
doença 140, 223
  causa espiritual 139
  da alma 99, 228
  orgânica 34
  psíquica vii
  vínculo com problema espiritual 131
"Doenças da alma" 92
dogmático 69
Dolores Duran 86
dor 130, 226
dores da alma xvii, 229
Doris H. Moreno 79, 80, 91
doutrina espírita
  caráter progressivo xxvi
Dramas da obsessão 173

Dr. Bezerra de Menezes
  ver Bezerra de Menezes
DSM-IV
  *ver Diagnostic and statistical
  manual of mental disorders*
duplo 73

E

eclodir 228
ecolalia 120
ecstasy 151
ectoplasmia 66
Eduardo Kalina *ver* Kalina
educação do pensamento 146
EEG *ver* eletroencefalograma
efêmero 139, 184
eletroencefalograma 46, 67
elucidação 125, 159, 214, 222
elucidar 65, 114, 138, 150, 176, 200
Émile Durkheim 88
Emmanuel xx, 89, 145, 159, 160,
  168, 169, 184, 186, 209, 224, 231
emoção 180
empatia 173
encefalite 33
endógeno xiii
enfastiar 184
enfermidade *ver também* doença
enfermidade mental 30
  efeito × causa 33, 35
*Enfoques científicos na doutrina
  espírita* 41
engajado 186
engendrar 104, 117, 138
enleiar 161
enredar 102
ensimesmado 136
ente querido morto
  sentimento no plano
    espiritual 90
enternecido 203
envilecer xii
epidemia vi

epilepsia 62, 67
epilético xxv
equânime xvi, 110, 128
equanimidade 142
equipe
  de atendimento 169
  espiritual 188
equipe mediúnica
  qualificação 192
era da ansiedade 36
erraticidade 199
escasso 191
escoadouro 223
esdrúxulo 206
esgar 204
esmeraldino 195
espectro 120, 149
espiritismo
  finalidade 231
  objetivo maior 142
espiritizar 192
Espírito xxiv
  guardião 194
Espírito superior
  revelações 129
esquizofrenia xx, 31, 40, 67, 111,
  128, 136, 156
  características essenciais 112
  etiologia 112
  suicídio 111
Esquizofrenia 111
esquizofrênico xxv
  características 113
estereotipia 121
Estêvão 183
estresse 39, 53, 62, 230
estressor 53
Estrutura espiritual da reunião
  de desobsessão 188
estupefaciente 153
etiologia xix
euforia maníaco-depressiva 78
Eurípedes Alcântara xxii
Eurípedes Barsanulfo 184

239

evangelho 178
evangelho no lar *ver* reunião
  do evangelho no lar
O evangelho segundo o espiritismo vi,
  110, 131, 168, 169, 176, 203
evocação 212
  animais 214
  dificuldade aos médiuns 213
  fatores de abandono 216
evocação e comunicação
  espontânea
  conciliação 215
excêntrico 97
excerto vii
Excertos oportunos vii
Exercício da solidão 85
exógeno xiii
exorar 175
expiação 48, 109
extirpar 161, 178
extrassensorial 123

F
Fabrício *ver* caso Fabrício
fadiga 107, 132
família 110
fascinação 205, 207
  mecanismo 208
  tentação de Paulo 209
fascinado
  personagens históricos 206
fascinar 205
fatalismo 142
fator mental vii
FEB xvi
felicidade
  conquista 142
Felipes 209
felonia 159
fenômeno psicocinético 66
fieira 88
filtrar 199
fisiologia 103

fisiopatologia 79
fixação 146
  hipnótica 98
  mental 98
F.J. *ver* caso F.J.
flashback 56
Florações evangélicas 186
Flora Rheta Schreiber 69
fluido 172, 195
fobia 137
Fonte viva 89
forjar 144
Francisco C. Xavier
  ver Chico Xavier
Francisco de Assis 184
freneticamente 87
frenético 151
Fritjof Capra 230
frivolidade 172
"Fronteiras do desconhecido – 50
  perguntas para as quais a ciência
  não tem resposta" xxii
frustração profissional ou
  afetiva 36
fuga 228
fugaz 184
fulcro 139

G
galhofa 202
galhofeiro 203
Gandhi 182
gatilho sensível 55
gene 79
gênese 87, 138
A gênese 73, 182
"Genética espiritual" xxi
gentio 209
Geraldo J. Ballone 80
Ghandi 184
Goleman *ver* Daniel Goleman
grassar 154

grupo mediúnico 188
   improdutivo 190
gueto 152
Gustavo Geley 65, 66

H
hanseníase 183
Harold I. Kaplan *ver* Kaplan
hedonismo xii
Helen Dorsett 70
Helen Wambach 122
Herculano Pires 202, 203
Hermínio C. Miranda
   ver Hermínio Miranda
Hermínio Miranda x, xix, 68, 71,
   72, 120, 121, 122, 123, 157, 222
heterogêneo 111
heterossugestão 99
hígido 61, 74
hipnose 72, 207
hipnotismo 60, 61
hipotálamo 50
hippie 92
histeria 31, 60, 61
Hitler 206
hodierna xiv
holístico 162, 230
homem
   realidade profunda vii
hospício vi
hoste 171
hostil 102, 172
humanizar 192
humor
   bipolar 93
   depressivo 93

I
ideação 101
ideia
   delirante 33
   de perfeição 134

identificação do Espírito 214
ilação 217
imaculado 172
imaturidade espiritual 150
iminente 38, 49
imolado 183
imperativo 134, 146
imperecível 139
impregnar 143, 180
imprescindível x, 30, 98, 129, 142,
   162, 167, 188, 202, 215, 225, 229
imunização 210
imutabilidade 181
inarmonia 99
incauto 152
incesto 179
inclemência 196
incógnita 88
incongruência 207
inconsciente 32
   função 32
incorporação 51
incursão 154
indene 146
indício 157
indução 104, 216
inerente 104, 150, 183, 199, 223
inexorável 142
infalibilidade 198
Infalibilidade dos médiuns 198
infalível 198
inferir xviii
Informe científico 79, 80, 91
infrainfinitesimal 224
infundir 174
inibição 40
injunção 135, 153
insculpir 130, 135
insidioso xx
insight 113
ínsito xiii, 94, 117, 139
Instruções psicofônicas 175
insuscetível 123
Inteligência emocional 56

241

interação   xxiii, 139, 188
interação sintomática   34
interação social   120
Intercâmbio mediúnico   192
interpelar   209
intrapsíquico   31
Introdução   xxiii
intrusivo   45, 144
irresolução   41
irromper   93, 229
irrupção   33, 101
Isaac Newton   xxv

J

jaez   140
James Trefil   xxiii
Jano Alves de Souza   120
jargão   xviii
Jayme Cerviño   31, 60, 65
jazer   154
J.B.   *ver*   caso J.B.
Jesus   xxv, 128, 135, 158, 166, 181,
   182, 210, 225
Jesus e Deus
   relação   128
Jesus e o evangelho à luz da psicologia
   profunda   178, 185
Jim Jones   206
J.M.   *ver*   caso J.M.
Joana de Cusa   183
Joanna de Ângelis   xv, 51, 75, 76, 88,
   89, 92, 94, 102, 103, 130, 134, 135,
   139, 140, 146, 147, 153, 154, 177,
   178, 185, 186, 192, 226, 231
João   181
João Cléofas   192
João da Cruz   184
Jorge Andréa   x, xvii, xviii, 41, 42,
   48, 97, 108, 114, 115
Jorge Andréa dos Santos
   ver   Jorge Andréa
José Caldas   iv, xvi
José Carlos Leal   177

Judith Lewis Herman   56
jugo   102
Jung   vi, xvii, xx, 31, 32, 33, 40, 111,
   112, 113, 114, 118, 177, 228
Jung – na fronteira do espírito   177
justiça divina   128

K

Kalina   85, 88, 100, 102, 151
Kant   134
Kaplan   xix
Kardec   vi, xxvi, 74, 109, 131, 145,
   150, 169, 171, 176, 182, 184, 189,
   191, 198, 200, 202, 205, 212, 214,
   218, 230
   missão   215
Kovadloff   85, 88, 100, 102, 151

L

labirinto   41
labor   xix, 210
laborar   76, 192
lacerador   161
laivos   75
Lastro espiritual nos fatos
   científicos   49
Lázaro   183
Lazir de Carvalho dos Santos   114
lei
   das manifestações   193
   de ação e reação   181
   de causa e efeito   xxiv, 110, 181
leira   146
Leis morais da vida   153
lentidão obsessiva   48
Leo Kanner   120
Léon Denis   171, 184, 193, 214, 215,
   218
Leopoldo Balduíno   33
lepra   183
lesão psíquica   97
letárgico   130

levedar 144
L.G. *ver* caso L.G.
libido 80
licantropia 207
litigante 180
litígio 146
livre-arbítrio 105, 130, 220
O livro da esperança 168, 169
O livro dos Espíritos 109, 129, 150, 159
O livro dos médiuns 74, 145, 189, 191, 198, 200, 204, 205, 212, 218
lôbrego 154
locupletar 152
lograr xii
loucura vi, 145, 176
    suicídio 138
Loucura e obsessão 116, 125, 126
luzir xiv
L.V. *ver* caso L.V.

M
Macedônia 209
Madre Tereza de Calcutá 184
magno 130
malbaratar 102
maneirismo 121
mania 41, 78, 91
Manoel Philomeno de Miranda vii, 42, 103, 116, 125, 126, 160, 161, 162, 220
The manufacture of madness 222
Maomé xxv
Márcia Lynn Dorsett 70
Margareth M. Scariano 122
Maria 183
Maria de Magdala 183
Marta 183
Mary 70
matiz 167
maturação 201
mau humor 92, 93
mecanicismo xxv

mecanismo neurótico de defesa 39, 40
medicina vii
médium xi, 65, 106, 124, 131, 191, 198, 213
    bom 202
    enganado 202
    orgulhoso 200
    perfeito 198
    sincero e honesto 199
    vidente 73
mediunidade xvi, 60, 190, 202, 217
Mediunidade: caminho para ser feliz 63
mediunidade com Jesus
    compatibilidade com o estudo 217
Médiuns e mediunidades 199
medo 38
    da violência 36
    dos acidentes 36
memória xxiii
memória anterior 153
Memórias de um suicida 83, 106, 193, 196
Memórias, sonhos e reflexões 228
menção 158
meningite 33
mente xxiii
    influenciação 145
mercadejar 209
messe 139
Messias divino 182
metafísico xxvi
meticulosamente 115
meticulosidade 48
meticuloso 217
M.G. *ver* caso M.G.
miasma 139
Mike Dorsett 70
Mira y López 38
miséria 152
Missionários da luz vii, 230, 231
mistificação 217

molestado 179

molestar 144

momento da incerteza xii

mórbido 34, 40, 61, 110

morboso 139

mormente 232

morte 89, 90

   de ente querido 36

móvel 143

M.S. *ver* caso M.S.

mudança 36

multifário 224

mutismo 112

N

"Na hora da tristeza" 168

Nancy Baldwin 70

Napoleão 206

nascituro 224

Nas fronteiras da loucura 42

náusea 49

nefasto 102, 195

Nero 206

neurofisiologista xxii

neurose xxv, 32, 40, 41

   aspecto espiritual 44

   causa 44

   coletiva

      obsessivo-compulsiva xxv

   fóbica 42

   obsessiva 32

neurótico 40, 44, 87, 113, 140, 146

neurotransmissor 50, 79, 103

No invisível 193, 214, 215

No mundo maior 136, 139

noradrenalina 50, 51, 79

normativo xxiv

Nos domínios da mediunidade 66, 207

Nossos filhos são Espíritos 157

"Novas considerações sobre a esquizofrenia" III

numinoso 232

O

O autismo na visão espírita 121

obliterado 207

Obras póstumas xxvi, 171, 182

obsceno 112

obscuridade 166

obsessão vi, 43, 51, 72, 98, 132, 142, 159, 175, 205, 225

   de contaminação 46

   de dúvida 47

   de encarnado para encarnado 82

   defesa 105

   infantil 162

   "rituais" 45

   suicídio 106

   técnica 98

Obsessão/Desobsessão xvi, xix, 82, 168, 175, 177

obsessor 43, 92, 104, 145, 206

obsidiado 132, 145, 174, 200

O caminho espiritual 183

O exercício do perdão 179

O pânico na visão espírita 51

oração 176

Os perigos da fascinação 205

O suicídio como conduta psicótica 100

P

país da alma xiv

paixão 84

panaceia 230

pandemônio 44

paradigma xxiv, 129

   newtoniano–cartesiano xxv

paradoxo 33, 128

parâmetro 129, 193

paranoia 96

paranormal 51

parasitário 51

parto 107

passe 43, 63, 124, 167

patamar 131, 142, 160, 182
patenteado 81
patologia 64
patológico vi, 61, 92, 96, 110, 132
Paulo 209
Paulo de Tarso 183
Paulo e Estêvão 209
Peggy Ann 70
Peggy Lou Baldwin 70
penhor 188
pensamento xxiii
Pensamento e vida 145, 159
Perda de entes queridos 89
perda dos valores 36
perdão 179, 180, 181, 182
perdoar 180, 181
peregrino xiv, 169, 186
peregrinos da evolução 186
perfeccionismo 48
perfeito amor 182, 183
Perfeito Amor 181
perfídia 159, 182
periculosidade 97
perigos da alma xvii
perils of the soul vi
perispírito xxiv, 34, 72, 117, 123, 153
permissividade 153
pernicioso xxv
perpetrar 55, 134
persecutório 114
Personalidade múltipla na visão
    espírita 68
perspectiva xiv, 82, 87, 170, 232
perturbação
    da consciência 33
    da fala 33
    da inteligência 33
    da memória 33
    da percepção 33
    do humor 33
    do pensamento 33
    mental 33
pintassilgo 214
pitonisa 209

plácido 157
platônico 133
Plenitude 231
poluição moral 143
pontificar xviii, 106, 182
O ponto de mutação 230
possessão 72, 74
P.R. *ver* caso P.R.
prazer 50
prece 175
preconizar 170
Prefácio xiii
preito iv
prenúncio xxi
prescindir 145, 225
pressão 36
O problema do ser, do destino e da
    dor 171
problema humano
    origem 222
problemas morais 222
prodigalizar x
produção mediúnica
    pressa na divulgação 201
proeminente 37
projeto de morte 151
promíscuo 68
propiciar 56, 87, 117, 121, 135, 143,
    160, 168, 188, 203, 217
propriedade 191
proscênio 157
prova 109
psicanálise xii, 30
    objetivo 30
psicanalítico 30, 39
psicocinesia 66
psicogênese 175
Psicogênese das doenças mentais 32,
    40, 111, 114
psicogênico 32
psicografia 218
    mecânica 216
psicologia xii, xxv, 66, 103, 156, 177
Psicologia e religião vi

psicologia junguiana 177
psicologia transpessoal xiv, 149
psicopata 96
psicopatologia 32, 75
psicopatológico xiv, 156
psicôse 97, 99, 102
  por drogas 96
psicose pós-parto
  etiologia 107
  sintomas 107
  tratamento 108
Psicose pós-parto 107
Psicose pós-parto na visão
  espírita 108
Psicoses na visão espírita 97
psicosfera 175
psicótico 88, 96, 140, 146
psique xviii, 228
psiquiatria xii, xxv, 111, 156, 222
Psiquiatria e mediunismo 33
psiquismo vii, xvii
publicano 183
pungente 86, 144
pungitivo 138

Q
qualidade 191
qualificar 192
Quanto à equipe de
  atendimento 168
Quanto ao atendido 173
quartel 223
Quatro gigantes da alma 38

R
Ramakrishna xxv
rapport xx, 114
Raul Teixeira xi
razão 180
recambiar 44
Recordações da mediunidade 131, 133
reencarnação xxiv, 109, 110

Reformador 69
reformulação mental 178
refrega 161
reino de Deus 185, 186
rejeição 108
reminiscência 48, 194
rendição 148
René Descartes xxv
repressão 39, 40
rescender 86
resquício 171
ressonância 51
ressumar x, 81, 106, 131, 179, 222
Resumo da doutrina espírita 65
retardo mental 33
reunião de desobsessão xix, 48,
  167, 188
reunião do evangelho no lar 175
reunião mediúnica 188
  assistência a suicidas em
    Lavras 193
  conceituação 191
  estrutura espiritual 219
  ingerência dos dirigentes
    encarnados 219
  interferência dos
    encarnados 220
reverberar 184
revés 101
Revista espírita (1866) vi
revolver 138, 143
Ricardo A. Moreno 79, 80, 91
Richet 66
ridente 146
ritual 42
Roger Penrose xxiii
Rollo May 30, 36, 37, 39, 130, 133,
  134
romagem 139
Roteiro 160, 224
ruptura 102
Ruthie 70

S

Sadock xix
salvo-conduto 185
sanha 104, 117
Santiago Kovadloff *ver* Kovadloff
Santo Afonso de Liguori 74
Santo Antônio de Pádua 74
saúde 140
Sede de plenitude – apego, vício e o caminho espiritual xix, 149, 180
sedimentar 179
seiva 230
Sementes de vida eterna 44, 99
Sendas luminosas 135, 140, 154
senso de justiça xxv
sentimento de amor xxv
Sentimento de culpa 133
sequela 84, 105, 109, 130
serotônico 160
serotonina 50, 79, 103
Sid Dorsett 70
sífilis 132
O significado de ansiedade 36, 37
Silas 209
sináptico 60
síndrome 36, 53, 96, 107, 120, 156
síndrome da primeira infância 120
sine qua non 225
sintomatologia 114
sintonia 74, 105, 146, 160, 166, 206, 220
si profundo xiii
sistema
  límbico 50
  nervoso central 51
  simpático-parassimpático 41
sistêmico 62
situação socioeconômica desfavorável 36
S.N. *ver* caso S.N.
Sobrevivência e comunicabilidade dos Espíritos 69
solidão 85
"Solidão" 89

somatizar 51
sombra 177
  coletiva 178
Sônia Amélia Mauad Kaheler de Sá x
sortilégio 56
Stanislav Grof xxiv, xxv, 149
súbito 37, 60, 107
subjacente 75, 101
subjaz 177
subjugação 40, 106, 145, 208
subliminar 32
substrato 131
sudorese 37, 49, 57
Suely C. Schubert
  ver Suely Schubert
Suely Schubert xxi, 175, 177
suicídio 83, 100
  infantil 161
El suicidio 88
suma 225
Sumário ix
supressão 40
suscetível 65
suspeição 200
Sybill 68, 69
"Sybill – o drama da possessão" 69

T

tabu 129
Táki A. Cordás 79, 80, 91
talhado 230
tanático 100
taquicardia 42, 49, 57
tecer 124, 203
telecinesia 66
telepático 51
Temas da vida e da morte vii, 103, 161, 220
Temple Grandin 122
tempo 144
tendência 149
tenesmo 41

tentação 99

terapêutica 30, 43, 99, 117, 154, 166, 208, 224

terapêutica da prece 175

terapêutica espírita 166
   aspectos básicos 167

terapêutica espiritual 229
   indivíduos não espíritas 224

terapêutico 175, 176

terapia 75, 162, 223
   de libertação 51
   de prevenção de distúrbios 146
   finalidade 230

ter e ser 185

Tereza d'Ávila 184

Thomas Kuhn xxiv

Thomas Szasz 222

tireoide 79

TOC *ver* transtorno
   obsessivo-compulsivo

toldar 129

torpor 53

torrente 195

torvelinho 144

toxina 140

transato xiii, 154

transe 60
   mediúnico 61

transformação moral 167

transtorno xii
   de identidade 61
   delirante 96
   de pânico com agorafobia 39, 52
   depressivo 46
   dissociativo de identidade 66
   do humor 50
   esquizofrênico 96
   neurótico 39
   psíquico vi

transtorno afetivo
   ver transtorno do humor

Transtorno bipolar (depressão e mania) 91

transtorno de
   despersonalização 57
   características 62
   etiologia 62

Transtorno de
   despersonalização 61

Transtorno de despersonalização na visão espírita 63

transtorno de estresse
   pós-traumático 39
   características 54
   etiologia 53
   ocorrência 53

Transtorno de estresse
   pós-traumático 53

transtorno de personalidade
   múltipla 66
   características 67
   etiologia 67

transtorno do humor
   etiologia 79
   fatores biológicos 79
   ocorrência 78

transtorno do pânico 50
   sinal físico 49
   sintoma 49

Transtorno do pânico com agorafobia 49

transtorno mental
   abordagem espírita 231
   associação com processo obsessivo xvii
   nova leitura xviii

transtorno mental na infância
   postura dos pais 157

Transtorno mental na infância e a visão espírita 157

transtorno obsessivo-compulsivo 32, 39
   etiologia 46
   ocorrência 45

Transtorno obsessivo-compulsivo na visão espírita 48

Transtorno obsessivo-compulsivo (TOC) 45
Transtornos de ansiedade 36
Transtornos dissociativos 60
Transtornos do humor 78
Transtornos do humor na visão espírita 92
Transtornos mentais na infância 156
Transtornos mentais: uma leitura espírita xii
Transtornos psicóticos 96
tratamento espiritual da criança 162
tratamento fluidoterápico 167
  ver também passe
As três faces de Eva 68
Trilhas da libertação 162
turbilhonário 224
turbulência 185
tutelar 172

U

Uma nova leitura dos transtornos mentais xvi
Uma palavra necessária 222
unipolar 78
universo xxiv
urgir 135, 185
utilitarismo xii

V

vaga 151
"Vale dos Suicidas" 193
Vanessa 70
Veja xxii, 50
velhaco 200
vergastar 136
vertigem 49
viajor xii
Vianna de Carvalho 199
vício 149, 151, 153

Vícios e obsessão 147
vicissitude 88
Vicky *ver* Victoria Antoinette Scharleau
Victoria Antoinette Scharleau 70
Vida, desafios e soluções 147
vigilância 170
Visão espírita dos transtornos mentais 128
Visão espírita nas distonias mentais 42, 97, 108, 115
Viver e amar 88
vulto 182

W

Wilbur *ver* Cornélia Wilbur
William Carlock 122

X

xamã xxv

Y

Y.A. *ver* caso Y.A.
Yvonne A. Pereira
  ver Yvonne Pereira
Yvonne Pereira 83, 106, 131, 133, 173, 193, 196, 218

Z

Zaqueu 183
Zélia Caldas iv
Zélia Costa Caldas
  ver Zélia Caldas
Z.R. *ver* caso Z.R.

Fontes de estudo e consulta

Anuário espírita (1992). IDE.

A bíblia sagrada. Trad. João Ferreira d'Almeida. Lisboa, Portugal. 1877.

BACCELLI, Carlos. *À sombra do abacateiro*. Ideal. 2. ed. 1987.

BALDUÍNO, Leopoldo. *Psiquiatria e mediunismo*. FEB. 1994.

BALLONE, Geraldo J. PUC – Campinas. *Informe científico*.

CAPRA, Fritjof. *O ponto de mutação*. Cultrix. 1986.

CERVIÑO, Jayme. *Além do inconsciente*. FEB 2. ed. 1979.

DENIS, Léon. *No invisível*. FEB. 6. ed.
_____ *O problema do ser, do destino e da dor*. FEB. 10. ed. 1977.

DURKHEIM, Émile. *El suicidio*. Schapire. Buenos Aires, Argentina. 1971.

FERREIRA, Aurélio Buarque de Holanda. *Novo dicionário Aurélio da língua portuguesa*. Nova Fronteira.

FRANCO, Divaldo Pereira; Joanna de Ângelis (Espírito). *Amor, imbatível amor*. Leal. 1998.
_____ *Após a tempestade*. Leal. 1974.
_____ *Autodescobrimento*. Leal. 1995.
_____ *Dias gloriosos*. Leal. 1999.
_____ *Florações evangélicas*. Leal. 3. ed. 1987.
_____ *Jesus e o evangelho à luz da psicologia profunda*. Leal. 2000.

bibliografia

_____ *Leis morais da vida*. Leal. 1976.
_____ *Plenitude*. Arte e Cultura. 1991.
_____ *Sendas luminosas*. Didier. 1998.
_____ *Vida: desafios e soluções*. Leal. 1997.

FRANCO, Divaldo Pereira; João Cléofas (Espírito). *Intercâmbio mediúnico*. Leal. 1986.

FRANCO, Divaldo Pereira; Manoel P. Miranda (Espírito). *Loucura e obsessão*. FEB. 1990.
_____ *Nas fronteiras da loucura*. Leal. 1982.
_____ *Nos bastidores da obsessão*. FEB. 1970.
_____ *Temas da vida e da morte*. FEB. 1989.
_____ *Trilhas da libertação*. FEB. 1996.

FRANCO, Divaldo Pereira; Espíritos diversos. *Sementes de vida eterna*. Leal. 1978.

FRANCO, Divaldo Pereira; Vianna de Carvalho (Espírito). *Médiuns e mediunidade*. Arte e Cultura. 1990.

GELEY, Gustavo. *Resumo da doutrina espírita*. Lake. 2. ed. 1958. Trad. Isidoro Duarte Santos.

GOLEMAN, Daniel. *Inteligência emocional*. Objetiva. 58. ed. Trad. Marcos Santarrita.

GROF, Cristina. *Sede de plenitude: apego, vício e o caminho espiritual*. Rocco. 1996. Trad. Pedro Ribeiro.

GROF, Stanislav. *Além do cérebro: nascimento, morte e transcendência em psicoterapia*. McGraw-Hill. 1988. Trad. Wanda O. Roselli.

HOUAISS, Antônio. VILLAR, Mauro de Salles. *Dicionário Houaiss da língua portuguesa*. Objetiva. 2009.

JUNG, Carl G. *Memórias, sonhos e reflexões*. Nova Fronteira. 15. ed. Comp. Aniela Jaffé.
_____ *Psicogênese das doenças mentais*. Vozes. 2. ed. 1990.
_____ *Psicologia e religião*. Vozes. 2. ed.

KALINA, Eduardo; Kovadlof, Santiago. *As cerimônias da destruição*. Francisco Alves. 1983. Trad. Sônia Alberti.

KARDEC, Allan. *O céu e o inferno*. FEB. 28. ed.
_____ *O evangelho segundo o espiritismo*. FEB. 82. ed.
_____ *A gênese*. FEB. 22. ed.
_____ *O livro dos Espíritos*. FEB. 52. ed.
_____ *O livro dos médiuns*. FEB. 42. ed.
_____ *Obras póstumas*. FEB. 20. ed.
_____ *Revista espírita* (1866). Edicel.

KAPLAN, Harold. Sadock, Benjamin. *Compêndio de psiquiatria*. Artes Médicas. 6. ed.

LEAL, José Carlos. *Jung – na fronteira do espírito*. Leymarie. 1999.

LÓPEZ, Mira y. *Quatro gigantes da alma*. José Olympio. 13. ed. 1988.

MAY, Rollo. *A arte do aconselhamento psicológico*.
_____ *O significado de ansiedade*.
_____ *O homem à procura de si mesmo*. Vozes. 18. ed. Trad. Aurea Weissenberg.

MIRANDA, Hermínio C. *Autismo: uma leitura espiritual*. Lachâtre. 1998.
_____ *Condomínio espiritual*. Fe. 1993.
_____ *Sobrevivência e comunicabilidade dos Espíritos*. FEB.

MORENO, Doris H.; Moreno, Ricardo A.; Cordás, Táki A. São Paulo. *Informe científico*.

PEREIRA, Yvonne A. *Recordações da mediunidade*. FEB. 1968.

PEREIRA, Yvonne A. Bezerra de Menezes (Espírito). *Dramas da obsessão*. FEB. 1964.

PEREIRA, Yvonne A. Camilo Cândido Botelho (Espírito). *Memórias de um suicida*. FEB. 10. ed. 1982.

SANTOS, Jorge Andréa dos. *Enfoques científicos na doutrina espírita*. Samos. 1987.
_____ *Lastro espiritual nos fatos científicos*. Lorenz.
_____ *Visão espírita nas distonias mentais*. FEB. 1990.

SCHUBERT, Suely Caldas. *Obsessão/Desobsessão – profilaxia e terapêutica espíritas*. FEB.
_____ *Mediunidade: caminho para ser feliz*. Didier. 1999.

XAVIER, Francisco Cândido; André Luiz (Espírito). *Ação e reação*. FEB. 1957.
_____ *Missionários da luz*. FEB. 5. ed. 1956.
_____ *No mundo maior*. FEB. 5. ed. 1970.
_____ *Nos domínios da mediunidade*. FEB. 10. ed. 1979.

XAVIER, Francisco Cândido; Bezerra de Menezes (Espírito). *Bezerra, Chico e você*. GEEM.

XAVIER, Francisco Cândido; Emmanuel (Espírito). *Livro da esperança*. CEC. 4. ed. 1973.
_____ *Palavras de vida eterna*. CEC. 1964.
_____ *Paulo e Estêvão*. FEB. 20. ed. 1983.
_____ *Pensamento e vida*. FEB. 9. ed. 1991.
_____ *Roteiro*. FEB. 3. ed. 1972.

XAVIER, Francisco Cândido; Espíritos diversos. *Instruções psicofônicas*. FEB

XAVIER, Francisco Cândido; Pires, Herculano. Espíritos diversos. *Diálogo dos vivos*. GEEM. 2. ed. 1976.

www.wikipedia.org

TRANSTORNOS MENTAIS
uma leitura espírita

© 2001-2024 by Suely Schubert

DIRETOR GERAL Ricardo Pinfildi **DIRETOR EDITORIAL** Ary Dourado
CONSELHO EDITORIAL
Ary Dourado, Ricardo Pinfildi, Rubens Silvestre

DADOS INTERNACIONAIS DE CATALOGAÇÃO NA PUBLICAÇÃO (CIP BRASIL)

S3845t

SCHUBERT, Suely (1938-2021)
 Transtornos mentais: uma leitura espírita
 Suely Schubert – Catanduva, SP: InterVidas, 2024

 256 pp. ; 15,7 × 22,5 × 1,3 cm

 Bibliografia ; Inclui índice
 ISBN 978 85 60960 08 8

1. Transtornos mentais   2. Saúde   3. Espiritismo
4. Psiquiatria   5. Psicologia   6. Psicanálise
I. Schubert, Suely (1938-2021)   II. Título

CDD 133.9   CDU 133.9

ÍNDICE PARA CATÁLOGO SISTEMÁTICO
1. Espiritismo 133.9

EDIÇÕES
MINAS:
várias edições, 2001-2010, 16 mil exs.
INTERVIDAS:
1.ª ed. especial, 1.ª tiragem, Ago/2011, 3 mil exs.
2.ª tiragem, Abr/2012, 11 mil exs. | 3.ª tiragem, Jul/2012, 10 mil exs.
1.ª ed. premium, 1.ª tiragem, Ago/2012, 10 mil exs.
2.ª tiragem, Ago/2019, 2,5 mil exs. | 3.ª tiragem, Out/2022, 1,5 mil exs.
4.ª tiragem, Jun/2024, 2 mil exs.

DIREITOS AUTORAIS DESTA OBRA RESERVADOS À MINAS EDITORA
EDIÇÃO PRODUZIDA POR
Editora InterVidas (Organizações Candeia Ltda.)
CNPJ 03 784 317/0001-54   IE 260 136 150 118
Rua Minas Gerais, 1520 Vila Rodrigues 15 801-280 Catanduva SP
17 3524 9801   www.intervidas.com

Impresso no Brasil   *Printed in Brazil*   *Presita en Brazilo*

colofão

TÍTULO
Transtornos mentais: uma leitura espírita

AUTORIA
Suely Schubert

EDIÇÃO
1.ª premium, 4.ª tiragem

EDITORA
InterVidas [Catanduva, SP]

ISBN
978 85 60960 08 8

PÁGINAS
256

TAMANHO
MIOLO: 15,5 × 22,5 cm
CAPA: 15,7 × 22,5 × 1,3 cm [orelhas 9 cm]

CAPA
ORIGINAL: Audaz Comunicação e Design
ADAPTADA: Ary Dourado
FOTO AUTORA: TraMa Produções

REVISÃO
Ademar Lopes Junior
Luiz Roberto Benatti

REVISÃO TÉCNICA
Milton Maguollo Jr.

NOTAS LATERAIS E ÍNDICE
Ary Dourado

PROJETO GRÁFICO & DIAGRAMAÇÃO
Ary Dourado

MANCHA
23p7 × 40p2, 32 linhas

MARGENS
5p:5p:8p:8p
[interna:superior:externa:inferior]

CORES
MIOLO: 2 × 2 cores
preto escala e Pantone 167 U
CAPA: 4 × 2 cores
CMYK × preto escala e Pantone 167 U

COMPOSIÇÃO
Adobe InDesign CC 19.4 [macOS 14.5]

PAPEL
MIOLO: ofsete Sylvamo
Chambril Book 75 g/m²
CAPA: cartão Ningbo C2S 250 g/m²

TIPOGRAFIA
CAPA:
H&Co Hoefler Text Pro Regular
[12, 14, 36]/[18, 20, 36]
H&Co Hoefler Text Pro Italic
[12, 16, 24]/[18, 22, 24]
H&Co Hoefler Text Pro Bold 10,5/15
TEXTO PRINCIPAL:
ITC Stone Serif Medium 10,5/15
CITAÇÕES:
ITC Stone Serif Medium 9,5/15
TÍTULOS:
ITC Stone Informal Medium
[11,5; 21; 48]/[15; 22,5; 48]
INTERTÍTULOS:
ITC Stone Informal Semibold 10,5/15
NOTAS LATERAIS:
ITC Stone Informal Medium 8/12
NOTAS DE RODAPÉ:
ITC Stone Serif Medium 9,5/15
ÍNDICE:
ITC Stone Serif Medium 8/11
DADOS:
ITC Stone Serif Medium 8,5/11
COLOFÃO:
ITC Stone Serif Medium 7,5/9

TINTA MIOLO E CAPA
Sun Chemical SunLit Diamond

PRÉ-IMPRESSÃO CTP
Kodak Trendsetter 800 Platesetter

PROVAS MIOLO E CAPA
Epson SureColor P6000

IMPRESSÃO OFSETE
MIOLO: Komori Lithrone S40P e LS40,
Heidelberg Speedmaster SM 102-2
CAPA: Heidelberg Speedmaster XL 75

ACABAMENTO
cadernos de 32 pp., costurados e colados,
capa brochura com orelhas, laminação
BOPP fosco e verniz UV brilho com reserva

PRÉ-IMPRESSOR E IMPRESSOR
Gráfica Santa Marta
[São Bernardo do Campo, SP]

TIRAGEM
2 mil exs. [acumulada 56 mil exs.]

PRODUÇÃO
junho de 2024

Ótimos livros podem mudar o mundo.
Livros impressos em papel certificado FSC® de fato o mudam.

 intervidas.com
 intervidas
 editoraintervidas